어제 가르친 그대로 오늘도 가르치는 건
아이들의 내일을 빼앗는 짓이다.
-존 듀이

교육이란 들통을 채우는 일이 아니라
불을 지피는 일이다.
-윌리엄 버틀러 예이츠

내 아이의
첫 미래 교육

내 아이의 첫 미래 교육

펴낸날 2021년 3월 10일 1판 1쇄

지은이 임지은
펴낸이 김영선
책임교정 이교숙
교정·교열 양다은, 남은영
경영지원 최은정
디자인 바이텍스트
마케팅 신용천

펴낸곳 (주)다빈치하우스-미디어숲
주소 경기도 고양시 일산서구 고양대로632번길 60, 207호
전화 (02) 323-7234
팩스 (02) 323-0253
홈페이지 www.mfbook.co.kr
이메일 dhhard@naver.com (원고투고)
출판등록번호 제 2-2767호

값 14,800원
ISBN 979-11-5874-107-5

디지털 금수저를 물려줘라

내 아이의
첫 미래 교육

임지은 지음

미래를 살아갈 아이를 위한다면 '부모력'을 점검해야 한다

미디어숲

인공지능 미래 시대에 필요한 부모력!

한 지인의 남편이 서울대 법대를 나온 판사 출신 변호사다. 그녀
는 그 학벌 덕분에 본인들의 삶이 윤택하고 다른 사람들로부터 존
경도 받는다고 굳게 믿고 있다. 세상이 어떻게 변해도 '최고 학벌'
이 가진 위력은 계속되리라 생각한다. 어디 그녀뿐이겠는가. 말을
안 할 뿐 자녀들의 '명문대 진학은 곧 성공'이라는 인식은 여전하
다. 그러니까 교육은 성공을 위한 발판이자 수단인 것이다.

이렇듯 명문대 졸업장이 소위 성공이라는 등식이 성립하던 시절
이 있었다. 그러나 눈을 들어 현실을 바라보자. 지금도 앞으로도 그
러할까? 좋은 대학을 나와도 성공은 고사하고 취업 문턱조차 넘지
못한다. 대학교 캠퍼스의 낭만? 대학교 신입생부터 스펙 쌓기 혹은
공무원시험 준비에 들어가기 바쁘다. 대학에서 학생들을 가르치는
친구가 하는 말은 가히 충격적이다. "학생들이 (정신과)약을 많이 먹

는다. 미래는 안 보이고, 그러니 불안하고, 스펙은 계속 쌓아야 하고, 현실이 우울하니 정신적으로 힘든 아이들이 많다."

오늘 한 시간 덜 자고 더 외우면 행복한 미래가 기다린다는 건 나쁜 거짓말이다.

과거엔 '성실, 근면함'이 최고의 덕목이었다. '열심히, 이 한 몸 바쳐' 고용주의 뜻을 잘 받들고, 조직에 충성하는 사람이 필요했다. 명문대 졸업장은 그런 의미였다. 남들 자고 노는 시간에 열심히 했다는 증명서. 그런데 로봇은 24시간 쉬지도 않고, 군말 없이 시키는 일을 묵묵히 해낸다. 그러니 그것만으로는 미래 인재가 될 수 없다. 누가 지식을 더 많이 암기하고 있는지도 경쟁력이 될 수 없다. 지식은 이제 컴퓨터에 입력할 필요도 없다. 인공지능 스피커에 말만 하면 친절히 알려준다. 학벌의 시대는 저물었다. '찐' 실력자들의 시대다.

실리콘밸리 기업들은 출신 대학, 전공, 나이를 묻지 않는다. 지금 당장 회사에 필요한 역할을 가장 잘할 수 있는 적임자를 뽑는다. 포트폴리오가 곧 이력서이자 성과다. 에어비앤비 엔지니어 출신 유호현 옥소폴리스 대표는 『이기적 직원들이 만드는 최고의 회사』에서 말한다.

"실리콘밸리 회사들은 인턴십 정도를 제외하면, 젊은 직원들의 미래를 보고 투자하지 않는다. 항상 새로 올 전문가의 능력이, 지금 회사의 필요를 충족시켜 줄 수 있는지를 묻는다. 그리고 그들이 기여한 만큼 정당한 보상을 제공한다. 따라서 자신이 무엇을 할 줄 아는지

정확히 소통하고, 어떤 방식으로 어떻게 기여할 수 있는지를 알려야
한다."

이를테면 '코드를 잘 쓰는 엔지니어', '설계를 잘하는 엔지니어'
와 같은 개인 브랜딩이 중요하다.

구글도 마찬가지다. 선발 기준은 인지 능력, 리더십, 구글 조직문
화와의 적합성, 직무 수행 능력 등 네 가지다. 예를 들어 직무 수행
능력을 평가할 때는 코딩 테스트를 하고, 면접에서 '코딩을 할 때
왜 그렇게 접근했는지' 설명하는 방식이다. 조직에 바로 투입돼 결
과물을 낼 수 있는지를 판단하는 것이다. 구글 역시 초창기에는 미
국 아이비리그 대학을 우수 학점으로 졸업한 인재들을 선호했다.
면접관들은 지원자에게 "왜 C학점을 받았나?" 같은 질문을 던졌다.

그런데 구글에서 최고 성과를 내는 인재를 심층적으로 분석해 보
니 상당수는 명문대 출신이 아니었고, 대학 학위가 없는 경우도 허
다했다. 이후 구글은 지원 자격조건에서 학위를 제외했다.

4차 산업혁명과 더불어 코로나19로 우리는 감히 미래를 예측조
차 하기 힘들어졌다. 코로나로 디지털 전환이 더욱 가속화하고 있
다. 디지털 이주민인 부모는 신인류 '디지털 네이티브'를 어떻게 키
워야 할지 고민해야 한다. 부모의 재력과 정보력이 '부모력'이던 시
절은 지났다. 스스로 물어보자.

나는 미래를 내다보며 아이를 키우는가?

아이에게 공부해야 하는 이유를 제대로 알려 주고 있는가?

미래가 불안하니 일단 공부라도 시키고 보자는 심산은 아닌가?

나의 불안을 잠재우거나 아이를 통해 대리만족하고 싶은 건 아닌가?

미래를 살아갈 아이를 위한다면 '부모력'을 점검해야 한다.

첫째, 아이가 진짜 좋아하고 원하는 것을 알고 있는가?

둘째, 아이의 개성과 강점을 최대치로 이끌어 주고 있는가?

셋째, 주입식 교육 대신 생각하는 힘을 길러 주고 있는가? 배움의 즐거움을 일깨워 주고 있는가?

넷째, 아이에게 비교와 경쟁 아닌 더불어 사는 법을 가르치고 있는가?

다섯째, 아이에게 실패를 두려워 않고 도전하며, 끝까지 해내는 힘을 길러 주고 있는가?

마지막으로, 이 모든 것에 앞서 아이가 자존감의 뿌리를 단단히 내릴 수 있도록 돕고 있는가? 스스로 가치가 있다는 확신이 있는 아이는 어떤 풍랑을 만나도 중심을 잡는다. 어려움이 닥쳐도 쉽게 포기하지 않으며, 다시 튀어 오르는 힘이 있다.

유튜브 최고경영자 수잔 보이치키Susan Wojcicki의 어머니 에스더 보이치키Esther Wojcicki는 자녀를 키우며 '트릭T·R·I·C·K'을 중시했다. 트릭은 Trust(믿음), Respect(존중), Independence(독립),

Collaboration(협력), Kindness(친절)를 뜻한다. 대개 성공한 사람들의 부모나 주변 사람들은 이와 같은 원칙을 지켰다.

이러한 부모 밑에서 아이들은 '레고L·E·G·O'를 키울 수 있다.

레고는 Love(사랑), Empathy(공감), Gratitude(감사하는 마음), Optimism(긍정적인 마음)이다. 부모의 '트릭'과 아이들의 '레고'가 변화의 시작이다. 물론 쉽지 않다. 버튼 하나 누른다고 변신하는 세상은 없다. 분명한 건 세상은 변하고 있다는 것이다. 그리고 아이들은 그 세상에서 살게 될 거란 사실이다.

"첫째도 본보기요, 둘째 역시 본보기요, 셋째도 본보기다."

'밀림의 성자' 알버트 슈바이처 박사에게 성공적인 자녀 교육법을 물었더니 돌아온 답이다. 나는 변화하는 세상을 살아갈 아이들에게 본보기가 되는 부모일까. 변화를 읽고 미래를 내다보는 눈을 기르자. 아이의 미래를 등대처럼 멀리 밝혀 주자. 끊임없이 배우고 공부해서 변화에 적응하자. 아이와 발맞춰 미래로 나아가자. 아울러 세상이 급변할수록 잃지 말아야 할 건 마음의 여유다. 여유를 잃는 순간 불안이 엄습하고, 불안은 몸과 영혼의 에너지를 집어삼킨다. "변화를 즐기고 매 순간 재미있게 살자."라고 얘기해 줄 수 있는 부모라면 좋겠다. 공부도, 일도, 노는 것도 재미있게 하면 된다고.

길지 않은 인생이다. 정답도 없다. 100세 철학자 김형석 연세대학교 명예교수가 부모들에게 전한다.

"인생은 50이 되기 전에 평가해서는 안 된다. 그래서 자녀를 키울 때도 이 애들이 50쯤 되면 어떤 인간으로 사회에 도움을 줄 수 있을까를 생각하는 것이 옳다고 생각한다. 나는 지금도 성공보다는 최선을 다하는 사람이 행복하며, 유명해지기보다는 사회에 기여하는 인생이 더 귀하다고 믿는다."

세상엔 크기도 모양도 저마다 다른 수많은 구멍이 있다. 아이가 최선을 다해 자기 몫을 채우며 세상에 보탬이 되고, 행복함을 느낀다면 그걸로 성공이다. '미래력'으로 다져진 아이는 어떤 파도도 즐겁게, 여유 있게, 행복하게 넘어설 것이다.

부모들에게 코로나19로 훅 다가온 미래 교육에 대해 다각도에서 생각할 거리와, 미래 인재를 위한 구체적인 방안을 이 책에 담으려고 했다. 부디 아이의 교육 문제로 고민하는 수많은 부모에게 이 책이 고민 타파의 작은 실마리가 될 수 있기를 바란다.

저자 임지은

차례

3장 미래 인재로 키우고 싶다면

4장 초불확실성 시대, 아이의 마음 근육이 먼저다

세상을 조금이라도 더 살기 좋은 곳으로 만드는 것

당신이 이 땅에 잠시 머물다 감으로써

단 한 사람의 인생이라도 행복해지는 것

이것이 진정한 성공이다.

-랄프 왈도 에머슨

디지털 이주민인 부모는 신인류 '디지털 네이티브'를 어떻게 키워야 할지 고민해야 한다. 부모의 재력과 정보력이 '부모력'이던 시절은 지났다. 스스로 물어보자. 나는 미래를 내다보며 아이를 키우는 부모인가? 아이에게 공부해야 하는 이유를 제대로 알려 주고 있는가?

1장

내 아이는
어떤 미래에
살게 될까?

평균, 표준을 지향하던
'매스의 시대'는 갔다

긍정심리학의 개척자 에드 디너Ed Diener 일리노이대학 심리학과 석좌교수가 국가별 행복도를 조사한 적이 있다. 예상대로 한국은 행복도에서 하위권을 차지했다. 꼴찌에서 두 번째다. 삶의 만족도 평가도 마찬가지다. 우리나라는 독재 치하와 기아에 허덕이는 아프리카 짐바브웨와 거의 비슷한 수준으로 조사됐다.

자신의 인생과 삶에 대해 어느 정도 만족하느냐는 질문이었다. 곽윤정 세종사이버대학 상담심리학과 교수는 『내 아이의 강점지능』에서 이렇게 분석했다.

"우리나라 사람들이 불행하다고 느끼고 자신의 삶에 만족도가 낮은 이유는 어릴 때부터 같은 잣대로 평가받고, 같은 목표를 갖도록 강요받으며, 그것을 얻기 위해 끊임없이 경쟁하기 때문이다."

우리는 평가에 익숙하다. 그래서인지 평가 잣대가 옳은 것인지 질문하지 않는다. 하버드대학교 경영대학원 문영미 교수는 『디퍼런스』에서 평가시스템의 맹점을 이야기했다.

1980년대~1990년대 미국 병원들의 환자 사망률이 높아지자, 정부는 각 병원에 환자의 사망률을 공개하라고 지시했다. 병원 의료 수준을 파악하고, 좋은 병원을 알아보자는 취지에서였다. 그러나 결과는 엉뚱한 데서 나타났다. 병원들은 사망률을 낮추기 위해 중환자를 받지 않았다. 실험적 임상 치료, 난치병 치료 등을 중단하고 안정적 진료만 추구하게 된 것이다. 시간이 가면서 미국 병원들은 전부 비슷비슷해졌다.

그렇다면 우리 교육의 평가시스템은 '좋은' 것일까. 문 교수는 학기 중간성적표를 학생들에게 보여 준 일화를 공개했다. 중간성적표를 받아든 학생 중 한 명이 수업 후 찾아와서 물었다. "교수님, 어떻게 하면 제게 가장 부족한 '창조적 능력'을 높일 수 있을지 방법을 알려주세요." 그 학생이 찾아온 뒤 몇 주가 더 지나 문 교수는 중간성적표가 학생들에게 어떤 기능을 하고 있는지 깨닫게 됐다. "학생들은 오직 자신의 약점을 보완하는 데 집중하고 있었다. 창조적 능력이 뛰어난 학생들은 분석적 능력을 개발하기 위해 노력했고, 분석력이 뛰어난 학생들은 창조적 측면을 높이기 위해 애썼다.

안타깝게도 자신의 강점을 더욱 키워나가려는 학생은 아무도 없었다. 그 결과, 수업 분위기는 시간이 갈수록 흥미가 떨어져 갔다." 학생들의 수업 참여도, 적극성을 높이고자 했던 시도는 약점을 보완하는 결과만 얻었다. 사실 부족한 부분을 보강하려는 욕구는 대부분 떨치기 힘든 부분일 것이다. 여러 연구에 따르면 강점에 집중한 사람들이 중장기적으로 성공할 확률이 높은 것으로 나타났다.

달라지는 성공 방식

하버드 교육대학원 교수 토드 로즈Larry Todd Rose는 저서 『평균의 종말』에서 '평균적인 사람은 아무도 없다'라며 평균주의의 허상을 버리라고 한다. 사람마다 재능, 적성, 배경이 다른데 오직 몇몇 시험을 잣대로 '공부 잘하는 아이', '보통', '못하는 아이' 이렇게 구분하는 것은 잘못이라는 것이다. 교육은 사람마다 갖추고 있는 개개인의 능력을 파악하고, 이를 잘 발휘할 수 있도록 분위기를 만들어야 한다.

평균, 표준, 대중을 공략하던 '매스의 시대'는 저물었다. 온라인에 접속만 하면 전 세계가 컴퓨터 안에 들어온다. 가상 세계에서 사람들은 나이와 직업, 국적과 같은 것들과 관계없이 취향, 취미, 소위 '덕질'을 하는 사람들끼리 모이고 있다. 패션, 음식, 게임, 자기계발, 책 등 다양한 자기 관심사를 중심으로 커뮤니티가 형성된다. 기업들도 '타깃층'을 세분화해서 다품종 소량 생산, 맞춤 개발 생산 전략을 구사한다. 소위 '완판(완전판매)' 시대다. 개성과 취향을 중심으로 한 소비는 오랜 기간을 거쳐 지속적인 증가세다. 개성과 끼, 취향을 따르는 것이 돈이 되는 세상이 온 것이다.

과거에는 방송사나 신문사 등 미디어 권력만이 콘텐츠를 생산하고 그 대가로 막대한 광고 수익을 올렸다. 그러나 이제 그 무게중심이 유튜브 등 1인 미디어로 옮겨 가면서 '크리에이터'의 영향력이 점점 커지고 있다. 수십, 수백만 구독자를 보유한 인플루언서는 연예인 못지않은 인기와 함께 광고와 협찬 등으로 큰 수입을 올리고 있다. 이들은 기존 미디어 권력이 주도하던 유행이나 트렌드에서 벗어나 '끼리끼리' 문화를 형성한다. SNS나 1인 미디어를 통해 콘텐츠를 소비하고, 직접 생산하기도 한다. 취향으로 똘똘 뭉쳐진 '팬덤'층은 자신이 좋아하는 인플루언서가 사용하거나 추천하는 물건에는 지갑을 여는 충성도를 보인다.

가장 개별적인 것, 자기만의 스토리가 길이 되는 시대다. '가장 개인적인 것이 가장 창의적'이라는 봉준호 감독의 말 또한 같은 맥락이다. 성공하는 방식은 예측 불가능할 만큼 다양해지고 있다.

중요한 것은 '자기다움', '유니크'다. 다른 사람이 넘보기 힘든 오직 나만의 영역을 구축해야 한다. 과거에는 이러한 사람들을 '오타쿠', '덕후'라는 이름으로 다소 폄훼하곤 했다. 이제는 '덕질'이 또 하나의 능력이 되는 분위기다.

『위대한 나의 발견 강점 혁명』의 저자 마커스 버킹엄Marcus Buckingham은 "못하는 것을 끌어올릴 시간에 강점을 최대치로 끌어올리라."고 조언한다. "약점을 고치려는 것은 더 이상의 실패를 막아줄 뿐 강점을 승화시켜 주지는 못한다. 타고난 재능을 발견하고 훈련과 학습을 통해 발전시켜라." 이제 '온리원only one'이 경쟁력이다.

아이의 강점에 집중해야 한다
아인슈타인이 남긴 유명한 말이 있다.

"모든 사람은 천재다. 하지만 만약 당신이 물고기를 나무 오르는 능력으로 평가한다면 그 물고기는 평생 자신이 바보라고 믿으며 살 것이다. 물고기는 헤엄을 잘 치고, 원숭이는 나무를 잘 오르며, 치타는 빠르게 달릴 수 있다. 각각 다른 동물들이 저마다의 능력이 있듯 사람도 저마다 자기가 잘하는 능력이 있다. 두루두루 다 잘할 수는 없기에 우리는 자신이 잘하는 재능을 찾아 한 분야에서 남보다 탁월한 인재가 되기 위해서 노력해야만 한다."

미국의 발달심리학자이자 하버드대학 교육대학원 교수인 하워드 가드너Howard Gardner는 인간의 능력을 여덟 가지 무지개로 표현한다. 다중지능 이론에 의하면 사람은 누구나 고유의 재능, 강점이 있다. 성공한 사람들의 공통점은 자신의 약점을 보완하려 애쓰기보다 강점을 계발하려 노력했다는 것이다. 누구나 강점이 있다. 다만 성공한 이들은 강점이 커서 상대적으로 약점이 작게 보이는 것뿐이다. 아인슈타인은 논리수학 지능과 공간 지능에 두각을 나타내 물리학 분야에서 업적을 남겼으나 인간 친화 지능 부분은 약했다. 인도의 정신적 지도자 마하트마 간디 역시 학창 시절에는 공부에 별 취미가 없었다. 그러나 인간 친화 지능과 언어지능에 강점을 보였다.

평생 좋아하는 일에서 탁월한 성과를 낼 수 있다는 건 축복이다. 부모가 아이에게 줄 수 있는 최고의 선물이다. 아이를 믿고 등대처럼 멀리서 지켜보되, 아이가 좋아하고 잘하는 분야가 무엇인지는 현미경처럼 살펴야 한다. 좋아한다 해서 잘하는 것은 아니기에, 발전 가능성이 있는지도 판단해야 한다. 우리는 어른이 돼서도 '좋아하는 일을 해야 할까, 잘하는 일을 해야 할까' 고민을 많이 한다. 확실한 건 좋아해야 잘할 수 있고, 잘하지 못하면 대개 끝까지 좋아하기가 힘들다. 흥미가 있으면서 아이의 잠재력이 보이는 분야를 함께 꾸준히 탐색해야 한다.

세상에 나가서도 과연 이게 내 길인가, 경쟁력이 있는 건가, 순간순간 현실에 부닥칠 때가 있다. 부모가 아이의 강점에 주목하고 믿어 주었다면 아이는 숨이 찰 때 부모에게 조언을 구할 것이다. 그럴 때마다 큰 방향을 제시하고, 아이에게 용기를 불어넣어 줄 수 있는 부모라면 좋겠다. 아이의 강점을 바라봐 주면 아이와의 관계도 원만하다. 누구나 자기를 좋게 보고 믿어 주는 사람에게 호감을 느끼고 마음의 안식을 얻기 마련이다. '그게 되겠냐', '네가 그걸 어떻게 하냐' 부족한 면을 끊임없이 지적하고 다그치는 부모 밑에서 아이는 날개를 펼 수 없다.

아이의 강점 교육엔 용기가 필요하다. 약점을 인정하고, 끌어안을 용기다. 현대 경영학의 아버지 피터 드러커 또한 "산이 높으면 계곡도 깊듯, 강점을 키우되 약점은 감내해야 한다."라고 말했다. 아이가 받아오는 성적표에 불안하고, 옆집 아이가 뭘 하는지도 신경이 쓰일 것이다. 그럴 때 내 아이에게 시선을 고정하자. 이 아이의 강점은 무엇인지, 그것이 아이의 미래와 어떻게 연결될지 그려 보자. 불안이 잠잠해질 것이다. 자꾸 부족한 면만 들여다보고 있으면 거기에 매몰된다. 눈을 들어 아이의 강점에 집중하자.

언어 지능

단어의 소리, 리듬, 의미에 대한 감수성이나 언어 기능에 대한 민감성과 관련된 능력이다. 이 지능은 글을 쓰는 능력과도 연관 있으며 토론 시간에 두각을 나타내기도 한다. 끝말잇기나 낱말 맞히기 등도 잘한다.

논리수학 지능

추상적 관계를 응용, 판단하고 수와 논리적 사고를 사용하는 능력을 의미한다. 논리적 문제나 방정식을 푸는 데 능하다.

신체운동 능력

운동감각, 균형, 민첩성 등을 조절할 수 있는 능력으로 생각이나 느낌을 글이나 그림보다는 몸동작으로 표현하는 능력이 뛰어나다. TV에서 몇 번 본 춤을 쉽게 따라 하는 경우 신체 운동 지능이 높다고 할 수 있다.

공간 지능

시공간적 세계를 정확하게 인지하며 3차원 세계를 잘 변형시키는 능력으로 색깔, 선, 모양, 형태, 공간 요소의 관계를 잘 파악한다. 특정 공간에 무엇이든 적절하게 배치하는 능력이 뛰어나다.

음악 지능

음악에 대한 전반적인 이해와 음에 대한 지각력, 변별력, 변형 능력, 표현 능력을 의미한다. 소리나 리듬, 진동 같은 음의 영역에 민감하고, 사람 목소리와 같은 언어적 형태의 소리뿐 아니라 소음이나 동물 울음 같은 비언어적 소리에도 예민하게 반응한다.

대인관계 지능

다른 사람과 교류하고 그들의 행동을 해석하는 능력을 의미한다. 사람의 기분, 감정, 의향, 동기 등을 인식한 후 감각적으로 구분할 수 있고, 표정, 음성, 몸짓 등 눈에 보이는 정보뿐 아니라 비언어적 힌트, 단서, 암시 등을 재빨리 변별해 효율적으로 대처한다.

자연 친화 지능
자연 현상에 대한 유형을 규정하고 분류하는 능력과 주변 환경의 특성을 고려해 일을 처리하는 능력을 의미한다. 동식물 채집은 물론 나뭇잎의 모양이나 크기, 지형 관찰 등을 좋아하고 종류별로 잘 분류한다.

자기 이해 지능
자신을 이해하고 느낄 수 있는 인지적 능력이 대인관계 지능과 비슷하다. 자신의 객관적인 장단점 파악은 물론 기분, 의도, 동기, 욕구 등을 스스로 깨닫고 자기가 처한 문제를 해결하기 위해 사용한다. 어떤 분야에 능력이 있고 무엇을 하고 싶은지 스스로 아는 만큼 자아존중감이 높은 편이다.

코로나가
앞당긴 미래

미래 변화는 예상할 수 없다. 2007년 스티브 잡스가 아이폰을 선보이기 전까지 누구도 손안에 컴퓨터를 들고 다닐 거라 상상하지 못했다. 당시 유망직업에는 '애플리케이션 개발자'라는 직업조차 없었다. 인공지능 전문가, 빅데이터 전문가, 드론 전문가 등도 마찬가지다. 요즘 초등학생 희망직업 1위는 유튜버. '갓튜브'라 불리는 유튜브는 기존의 미디어 생태계, 검색시장, 미디어 소비 행태 등 많은 영역에 변화를 가져왔다. 기술 발달은 우리가 상상하는 것을 빠르게 구현해 낸다. 엊그제 일론 머스크가 민간 유인 우주선 시대를 열었다더니 오늘은 하늘에 택시길이 열린다는 소식이 들려온다. 그만큼 뜨고 지는 산업, 기업도 빛의 속도로 변하고 있다. 구글처럼 철옹성 같은 기업의 미래도 장담할 수 없다.

더구나 2020년에 맞닥뜨린 코로나19는 모든 것을 바꿔놓았다. 온라인 수업, 재택근무, 화상회의⋯. 낯선 모습이 어느 날 일상에 파고들었다. 유통, 금융, 교육, 산업과 일자리, 삶의 방식과 태도까지 모든 면에서 변화가 일어나고 있다. 세상은 이제 코로나 전BC·Before Corona과 후AC·After Corona로 규정될 것이다. 변화를 받아들이고 기민하게 적응하는 이가 살아남을 것이다.

코로나19가 앞당긴 디지털 초연결 씨앗은 진작 뿌려져 있었다. 초연결은 센서, 컴퓨터, 로봇과 같은 사물과 사물, 사람과 사물, 그리고 사람과 사람이 촘촘히 연결된 것을 말한다. 초지능은 여기에 인공지능이 더해진 상태다. 스피커는 지능을 얻었고, 주머니 속 스마트폰과 집안 전자기기들은 연결됐다. 전 세계 수억 명이 이미 인터넷에 연결돼 있으며, 디지털 기기의 수는 전 세계 인구수를 뛰어넘은 지 오래다. 이를 기반으로 스마트시티와 스마트홈, 스마트팩토리, 자율주행차 등 초융합 사회로 접어들고 있다.

디지털 전환 속도가 빨라지고 있다

세계 각국과 기업들은 코로나 이후 시대의 주도권을 잡기 위해 디지털 전환Digital Transformation에 박차를 가하고 있다. 독일과 일본 등은 일찌감치 4차 산업혁명에 대비해 '인더스트리 4.0'을 내세우고 스마트팩토리 강국으로 거듭나고 있다. 스마트팩토리는 기존 공장에 ICT(정보통신기술)를 결합해서 데이터를 실시간으로 수집하고 작업 명령을 내린다.

베를린과 뮌헨에 본사를 둔 세계적인 전기전자기업 지멘스는 공장설비에 1천여 개의 사물인터넷 센서를 달았다. 덕분에 불량품이 생기면 생산라인이 즉각 멈춘다. 매일 5천만 건이 넘는 정보를 실시간으로 수집해 제조공정에 작업 지시를 내린다. 100만 개를 만들 때 500개의 불량품이 발생하던 것이 이제 10개로 확 줄었다. 예전 기술자의 필수품이 드라이버라면 지금은 컴퓨터다. 이제 컴퓨터 조작 능력이 숙련공의 척도다.

　언택트(untact, 비대면) 시대에 디지털 전환은 기업과 개인의 생존을 좌우할 핵심 변수다. 전 세계 기업은 재택근무를 상시화해 '스마트워크'를 꾀했고, 학교는 사상 초유로 온라인 개강을 했다. 근무, 교육은 물론 쇼핑, 은행 업무, 심지어 병원 진료까지 스마트폰으로 해결하게 됐다. 기존에 스마트폰 등 디지털 기술에 익숙지 않던 세대도 새로운 시대에 적응하는 계기가 됐다. 세상은 아날로그에서 디지털로 급속히 옮겨가고 있다. 코로나19로 인한 경기침체 가운데 아마존, 구글, 페이스북 등 디지털 기반 기업들은 폭발적으로 성장했다.

　세계경제포럼WEF은 〈2020 일자리의 미래〉 보고서에서 로봇과 AI의 확산으로 2025년까지 일자리 8,500만 개가 사라질 것이라 전망했다. WEF는 "2025년이면 인간과 기계가 일하는 시간이 같아질 것"이라며 정보 및 데이터 처리 분야에서는 기계의 노동 시간이 인간의 노동 시간을 초월할 것으로 내다봤다. 새로운 기술의 등장으로 일자리가 사라지는 '기술적 실업'은 늘 있었다. "내리실 분 안 계시면 오라이~." 한때 버스안내양이 9급 공무원보다 높은 임금을 받으며 인기를 누렸지만 지금은 역사의 뒤안길로 사라지고 없다. 기술 발전으로 사라지는 직업과 함께 전혀 예상치 못한 직업이 생겨날 것이다. 미래학자 토머스 프레이Thomas Frey는 "지금 초등학교에 들어가는 아이들의 65퍼센트는 현재 존재하지 않는 직업을 구하게 될 것"이라 했다.

디지털 전환은 전 업종 일자리에 영향을 미칠 것이다. 국내외 전문기관들의 일자리 보고서를 종합해 보면 부가가치가 낮은 단순 노동직은 인공지능을 가진 로봇으로 대체될 것이다. 반면 인공지능, 빅데이터, 사물인터넷, 가상현실/증강현실, 3D 프린터, 드론 소프트웨어, 스마트 헬스케어 등 디지털 기술이 필요한 직종은 유망한 것으로 분석됐다.

정부가 여덟 가지 미래 혁신 성장 분야로 지정한 무인자동차(엔지니어) 스마트시티(도시계획가, 교통전문가), 바이오헬스(생명과학연구원, 스마트헬스케어전문가), 스마트팜(스마트팜 컨설턴트, 스마트팜 구축가), 드론(엔지니어), 스마트공장(엔지니어), 핀테크(앱 개발자, 엔지니어, 금융공학 전문가) 분야 전문가도 유망직업으로 거론된다.

새롭게 등장하는 뉴칼라

디지털 시대에 새롭게 등장하는 직업 계층을 '뉴칼라'라고 한다. '블루칼라'도 '화이트칼라'도 아닌 새로운 계급으로, 2016년 IBM 최고경영자 지니 로메티Virginia Marie Rometty가 처음 사용했다. 인공지능AI, 빅데이터, IoT(사물인터넷), 로봇, 가상현실, 플랫폼 등과 관련한 직업이 포함된다. '뉴칼라'는 학력과 상관없이 기술 수준이 중요하며, 직업 훈련을 통해 기술을 익힌다. 지니 로메티는 "전통 교육 방식이 아닌 새로운 방식으로 '뉴칼라'를 키워야 한다"고 강조한다. IBM은 뉴칼라 인재 양성을 위해 미국 뉴욕에 정보 기술 분야를 중점적으로 교육하는 P-테크 학교를 설립하기도 했다.

위기는 늘 기회를 품고 있다. 코로나19가 끝나면 우리는 새로운 세상, 새로운 질서와 마주하게 될 것이다. 모든 것이 '리셋'되고 판이 바뀐다. 변화를 빠르게 읽고, 인정하고, 받아들여야 한다.

양극화는 더욱 커질 것이다. 인공지능 등 기술이 인간의 일자리를 대신할 것이기 때문이다. 거대한 소용돌이 속에서 누군가는 새로운 왕좌를 차지할 것이다. 과거의 '영광'을 잊지 못하고 돌아갈 날만 기다리다간 질서 밖으로 밀려날 수밖에 없다. 기존에 기득권을 갖고 있던 사람들에게 변화는 더 아프게 다가오게 마련이다. 뉴노멀 시대에 발맞춰 '업그레이드'해야 한다. 그동안 당연하게 생각했던 것들을 잊고 새로운 질서에 빠르게 적응해 나가야 한다.

하버드대학의 복잡계 물리학자 새뮤얼 아브스만Samuel Arbesman은 저서 『지식의 반감기』에서 '갈수록 지식의 유효기간이 짧아진다'고 강조한다. 코로나19로 인한 디지털 전환의 가속화는 지식 반감기를 더욱 단축할 것이다. 디지털을 통해 지식의 생산과 유통 속도가 빨라지기 때문이다. 변화를 유심히 관찰하고, 배우고, 사색하며, 촉을 세우고 있어야 한다. 그래야 커다란 물줄기의 방향을 읽어낼 수 있다.

인공지능 로봇과 공존할 100세 시대. 인공지능 시대의 진짜 위험은 '강한 인공지능'의 등장이 아니라 사람이 배움을 멈추는 데서 올지 모른다. 새로운 시대가 열렸다. 이제 성적, 등수, SKY 졸업장이 아니라 미래를 살아낼 '인간 역량'을 탑재해야 하는 이유다.

일자리 지도가
달라진다

미국 소프트웨어 업체 오토매틱은 100퍼센트 원격근무로 운영되고 있다. 이 회사 창업자이자 CEO인 매트 뮬렌웨그Matt Mullenweg는 2005년 창업 초기부터 원격근무를 기업 문화로 자리 잡게 했다. 2020년 기준으로 1,200여 명에 가까운 직원이 70여 개국에서 일한다. 회의나 업무는 모두 온라인으로 진행된다. 1년에 한 번 모이는 날이 있고, 나머지는 각자가 원하는 곳에서 일한다. 홈오피스를 만들고 공유 오피스를 빌리는 비용 등도 회사에서 지원한다. 이러한 비용을 다 합쳐도 오프라인 사무실을 운영하는 것보다 훨씬 경제적이라는 것이 오토매틱 입장이다. 채용 또한 온라인으로만 진행한다는 점이 흥미롭다. 면접 시 생기는 선입견 등을 모두 배제하고 오직 실력으로만 뽑겠다는 방침이다.

"앞으로 5~10년 내 전 직원의 절반이 원격근무를 하게 될 겁니다." 마크 저커버그 페이스북 최고경영자는 코로나19에 따른 재택근무를 계기로 회사 운영 방식을 재조정하기로 했다. 시행 초기에는 기존 직원 중 업무성과 평가가 높은 고위급 엔지니어들을 중심으로 재택근무를 적용하고 차츰 엔지니어 이외 직군까지 재택근무를 확대하겠다는 계획이다. 트위터 또한 코로나 종식 이후에도 직원이 원한다면 무기한 재택근무를 지원한다고 밝혔다. 트위터 측은 "이전부터 직원들이 회사를 떠나 세계 어디서나 일할 수 있는 환경을 구축하기 위해 노력했다"며 "지난 몇 달 동안의 경험을 통해 그것이 가능하다는 것을 확인했다"고 설명했다.

물론 우려의 목소리도 있다. 돌발상황에 대한 신속 대처가 어렵다거나 커뮤니케이션이 원활하지 않다는 것이다. 마이크로소프트 CEO인 사티아 나델라Satya Narayana Nadella는 재택근무에 대해 "서로 마주치는 일이 없으면 기업 내 커뮤니티 형성이 어렵다"고 말했다. 동료 간의 상호작용, 직원 관리, 멘토링 등은 원격 업무로 대체하기 어렵다는 것이다. 하이테크산업 전문가 제인슨 오언-스미스 Jason Owen-smith 미국 미시건주립대학 사회학과 교수는 "짧지만 우연한 대화가 창의적 아이디어를 창출하는 데 도움이 된다"고 지적했다.

재택근무가 불러온 일자리 변화

여러 논쟁에도 불구하고 재택근무는 향후 근무의 뉴노멀(새로운 표준)이 될 것으로 전망된다. 기업들은 재택근무를 통해 업무의 효율성과 비용 절감을 경험했다. 글로벌기업들은 원격근무를 통해 세계 각국의 인재를 끌어들인다는 계획이다.

이러한 추세와 맞물려 기업들은 3차원 가상공간 프로그램 개발에 한창이다. AR(증강현실)·VR(가상현실) 기술로 언제 어디서든 가상 원격근무 체제를 구축하는 것이다. 페이스북은 이미 3차원 MR(혼합현실) 원격근무 기술을 공개했다. 트위터에 올라온 8초 안팎의 동영상에는 각종 가상 업무 도구들이 놓여 있고, 이용자가 손으로 가상 모니터를 끌어다 눈앞에 펼치는 내용이 담겼다.

세계적 경영전략가 찰스 핸디가 2001년 『코끼리와 벼룩』을 통해 대기업에서 프리랜서 중심으로 고용 문화가 재편된다고 분석했을 때만 해도 동의하는 이는 많지 않았다. 그러나 이제 평생직장 개념이 사라지고 누구나 어느 시점이면 1인 사업자로 나서야 하는 시대다. 더 이상 안정적인 직장은 없다. 기업들은 해고, 인원 감축, 개편 등을 통해 정규직 일자리를 없애고 있다. 기존의 정규직 일을 소규모 프로젝트나 업무로 나누고 외부 위탁을 늘리는 추세다. 이를테면 정규직으로 채용했던 마케팅 매니저 대신 시간제 PR전문가, 소셜미디어 전문가를 채용하거나 프리랜서 카피라이터에게 외주를 맡기는 형태다.

최윤식 아시아미래인재연구소 소장은 저서 『미래학자의 일자리 통찰』에서 이렇게 진단했다.

"원격 일터, 원격 노동자, 세계 전역에 분산된 팀, 경계가 없고 강력한 협업, 빠르고 유연한 조직이 미래 일터의 주류가 될 것이다. 일하는 목적은 돈이 아닌 의미를 창출하는 문화적 행위로 바뀔 것이다. 미래에는 또 스스로 고용 시간과 형태를 결정하는 플랫폼 노동자, 고급 프리랜서, 가상 노동자가 뜨고, 영화를 만들 듯 모였다가 흩어지는 일을 반복하게 된다."

그는 미래에 필요 없는 능력으로 빠른 계산력과 기억력을 꼽았다. 대신 핵심을 통찰하는 능력, 소통을 위한 문화 이해력, 그리고 컴퓨터 알고리즘 이해력을 갖춰야 한다고 주장한다. 그러기 위해선 평생 배워야 한다.

"우리가 가진 전공 또는 실용지식이라는 것은 그 효용성이 3~5년에 불과한 시대가 되었다. 향후 국경의 경계, 언어 장벽까지 파괴한 온라인 대학의 부상으로 국내외 상당수 대학은 영향력을 잃거나 사라질 것으로 본다."

인공지능이 무엇보다 잘하는 것은 정답을 맞히는 것이다. 인공지능이 하지 못하는 건 질문이다. 호기심을 유지해야 한다.

미래 인재가 갖춰야 할 여섯 가지 역량

윤기영 미래학회 부회장은 『뉴노멀』에서 "향후 재택, 온라인으로 소비하는 업종이 고성장 산업이 될 것이고, SW, 디지털 콘텐츠 관련 업이 성장할 것"으로 진단했다. 이에 따라 필요한 인재 역량도 달라질 것이란 분석이다.

"온라인 근무는 다른 측면의 역량을 요구한다. 인재를 뽑을 때도 온라인 네트워킹 및 협업 능력을 중시하게 될 것이다. 혼자 일하기 때문에 개인 회복력, 홀로 일하는 심리적 안정 성향도 중요하다. 상사가 관찰하면서 업무 지시나 훈련이 어렵기 때문에 전체적인 이해력이 높고, 주도적으로 일하는 인재를 선호하게 될 것이다. 재택근무는 상사나 동료로부터 배우는 기회가 적으므로 자기 개발력을 더욱 요구하게 된다. 듣기, 호기심, 학습 민첩성 또한 중요한 역량이 될 것이다."

로봇과 인공지능으로 수많은 일자리, 직업이 사라지고 생겨날 것이다. 기업의 고용 형태도 점차 불안정해지고 있다. 나날이 커지는 불확실성 속에서 미래를 살아갈 아이를 어떻게 길러야 할까? 전문가들은 아이들에게 필요한 것은 답이 정해져 있는 단순 지식이 아니라 역량이라고 말한다. 역량이란 사전적으로 '어떤 일을 해내는 힘'을 말한다. 어떤 예측 불가능한 상황에서도 유연하게 대처할 수 있는 능력, 자기 주도적으로 살아갈 힘을 길러야 한다. 이젠 학교 성적을 위한 선행학습이 아니라 '역량 교육'이다.

미래에 갖춰야 할 역량은 크게 여섯 가지로 모아진다.

먼저 인공지능과 경쟁할 수 없는 인간 고유의 힘을 기르고, 어떠한 변화 속에서도 중심을 잃지 않는 '자기다움'을 가져야 한다. 뿌리가 단단히 자리 잡은 아이는 어떤 풍랑이 와도 유연하게 넘나들며 파도를 탈 수 있다. 자기 자신에 대해 잘 알고, 삶의 목적을 명확히 가지고 있는 아이는 쉴 새 없는 변화가 밀려와도 방향을 잃지 않고 목적지를 향해 나아갈 수 있다.

둘째, 평생 배움을 즐겨야 한다. 앞으로는 명문대학에 들어가 얻는 프리미엄이 크지 않다. 이미 세계 유수 대학의 저명한 강의를 어디서든 온라인으로 들을 수 있고, 비대면 시대로 접어들면서 학연, 지연이 사라지고 있다. 중요한 건 '번아웃burnout'되지 않고 꾸준히 배울 수 있는 능력을 갖춰야 한다. 그러려면 공부를 즐겨야 한다.

셋째, 함께하고 싶은 사람이 돼야 한다. 다시 말해 인간성이 좋아야 살아남는다. 한 사람이 모든 분야에서 전문성을 갖기란 불가능하다. 서로의 생각을 연결해 시너지를 낼 수 있어야 한다. 리더십에 있어서도 '나를 따르라'는 'Me 리더십'이 아닌 'We 리더십'을 갖춰야 한다. '나'보다 '우리', '혼자'보다 '함께' 성장하는 마인드를 갖고 섬기는 리더십을 발휘해야 한다.

넷째, 남보다 잘하는 것이 아니라 남과 다르게 생각하는 힘이 필요하다. 최고의 경쟁력은 경쟁하지 않는 것이다. 이제 사회는 'the best'가 아니라 'the only one'을 원한다. 그 어떤 것도 당연하게 생각하지 않고, 의문을 제기하는 데서 창의적 혁신이 일어난다. 마음껏 상상하고, 관찰하고, 경탄할 줄 알아야 새로움이 보인다.

다섯째, 문제해결 능력이다. 앞으로는 학교에서 가르쳐주는 정답이 아니라 삶 속에서 마주하는 문제를 발견하고, 스스로 해결해 나갈 수 있는 능력이 필요하다.

마지막으로 '디지털 리터러시'를 빼놓을 수 없다. 디지털 네이티브가 살아갈 세상에서 디지털 리터러시는 마치 국영수를 배워야 하는 것과 같다. AI 시대에는 엄청난 데이터를 읽고 분석하고 활용하는 역량과 인공지능과 소통할 수 있는 코딩 역량을 길러야 한다. 이러한 역량을 구체적으로 어떻게 길러야 하는지는 여러 장에 걸쳐 차근차근 살펴보자.

애자일 인재가
살아남는다

　시장조사기업 컨스텔레이션 리서치Constellation research의 애널리스트 레이왕Ray Wang은 "기업수명이 1960년대에는 60년, 2020년에는 12년에 불과할 것이다. 디지털 혁명으로 인해 《포춘》 500대 기업 중 52퍼센트가 사라질 것"이라고 전망했다.

　스마트폰 시대에 적절히 대응하지 못한 노키아, 모토로라는 불과 몇 년 사이 역사의 뒤안길로 사라졌다. 영국의 생물학자이자 지질학자 찰스 다윈은 "결국 살아남는 종은 강인한 종도, 지적 능력이 뛰어난 종도 아니다. 변화에 잘 적응하는 종이다"라고 말했다.

　넷플릭스의 성장 비결을 다룬 『파워풀』이라는 책을 보면 이들이 일하는 방식을 '자유와 책임'이라고 요약하며 "변화를 빠르게 실행하고 문화를 만들라"고 조언한다. 변화가 크지 않던 과거엔 예측 가능한 미래를 전제로 정해진 계획을 충실히 이행하는 시스템과 사람을 중시했다. 이젠 끊임없이 변하는 환경에 빠르고 유연하게 대응해야 한다. 디지털 시대엔 속도가 생명이기 때문이다.

변화에 빠르게 적응하는 것이 관건

미국 보스턴대학 벤캇 벤카트라만Venkat Venkatraman 교수는 "디지털이 모든 세상을 먹어치우고 있다"고 표현할 정도로 이젠 어떤 기업도 디지털 전환이라는 패러다임에서 벗어날 수 없다. 디지털 전환은 기술만으로 이뤄지지 않는다. 조직문화와 일하는 방식 등 기업 DNA를 바꾸는 작업이다. 딱딱한 콘크리트 바닥에서 씨앗이 움틀 수 없듯이 디지털도 비옥한 토양이 뒷받침된 조직이라야 꽃을 피울 수 있다.

최근 경영 트렌드로 "애자일Agile하게 일하라"가 뜨고 있다. 애자일은 '기민한', '민첩한'이라는 뜻으로, 실리콘밸리 기업들이 선택한 전략이다. 애자일의 본질은 커다란 일을 잘게 쪼개서 가장 핵심적인 본질에 집중하는 것, 빨리 실패하고 결함을 보완하는 것, 완벽함보다 신속함을 우선하는 것이다.

쉽게 말해 소규모 팀이 최대한 빠르게 결과물을 내고, 실행에 옮기고, 실패하면 될 때까지 보완해 나가는 방식을 일컫는다. 지속적인 혁신의 아이콘 아마존에는 '피자 두 판 팀'이 있다. 피자 두 판이면 점심을 해결할 수 있는 팀 규모를 일컫는데, '애자일 팀'이라고도 불린다. 애자일은 넓게는 '문화', '조직', '인재', '시스템'과 관련한 경영 철학이자 방법론까지 포괄한다.

전통 기업들이 위계조직이라면 '애자일 기업'들은 역할조직이다.

전통 기업에서는 신입사원, 과장, 차장, 부장, 부사장을 거쳐 최고 경영자가 의사결정을 한다. 윗사람이 최종 결정을 하면 일사불란하게 움직이는 장점이 있으나 변화에 민첩하게 대처하기는 어렵다.

구글, 페이스북, 아마존 등 실리콘밸리 기업은 각자 역할에 따라 의사결정, 그리고 책임까지 진다. 부서 간 경계도 허물고, 직급 체계를 없애 팀원 개인에게 의사 권한을 부여한다. 개인이 맡은 프로젝트에서 성공하면 인센티브가 주어지고, 실패하면 그에 대한 책임도 개인이 진다. 혁신하고 변화하는 데 용이하다. 다만 한 사람이 잘못된 결정을 내렸을 때 회사는 직접적인 타격을 입는다. 다른 어떤 것보다도 인재 채용에 심혈을 기울이는 이유다. '애자일' 조직은 '애자일' 인재를 원한다.

애자일 인재에게 필요한 역량

애자일 인재란 소통과 협업을 잘하는 사람이다. 기업은 슈퍼맨이 아니라 '함께 일하고 싶은 좋은 팀원'을 원한다. 각자 다양한 생각들을 자유롭게 소통하는 데서 새로운 아이디어가 나오기 때문이다. '애자일 조직'의 리더(매니저)는 팀원들이 팀의 목표에 맞게 나아가고 있는지, 업무 진행상의 어려움은 무엇인지 등을 두고 끊임없이 소통한다. 회의는 자기 의견이 맞다는 것을 증명하기 위함이 아니라 최고의 아이디어를 위해 머리를 맞대는 자리다. 다른 관점을 가진 다양한 분야의 전문가들이 각자의 점과 점을 연결했을 때 융합의 불꽃놀이가 일어난다.

『협업의 시대』저자 테아 싱어 스피처Thea Singer Spitzer는 실리콘밸리 구성원들의 특징을 세 가지로 봤다.

1. 탐정과 같다. 의심의 여지가 없던 기존 관습이 특정 상황에서 효율성을 저해할 때 이에 끈질기게 의문을 제기하며 결국 어떻게든 끝을 보고야 만다.
2. 의견이 일치하지 않는 상황에서도 자신의 견해를 솔직하게 밝힐 수 있는 진정한 의사소통을 꿈꾼다.
3. 기업의 전반적인 목표와 그들이 참여하는 프로젝트가 그 목표에 어떻게 기여하는지 잘 알고 있다.

이렇게 자유롭고 원활한 소통을 할 수 있어야 애자일 조직이 만들어진다. 실패를 두려워하지 않으며, 일단 실행하고do, 빨리 실행해 보고fail fast, 무엇을 어떻게 개선해야 할지 알고learn, 다시 시도하는 것redo. 이것이 창의적 혁신을 만들어내는 길이다. 사전에 완벽한 분석과 기획을 해서 결과물을 내놓는 방식과는 크게 다르다. 윗사람의 지시대로 일하는 것이 아니라 구성원이 자기 주도적으로 일을 추진해 나가야 한다. 실패를 감수하고, 문제를 발견, 보완해 나가면서 끝까지 해내는 역량을 키워야 한다.

코로나19 이후 여기저기서 구조조정, 비용 절감 소식이 들려온다. 미국 실리콘밸리도 대량 해고를 피해갈 수는 없었다. 기업은 좋을 때도 나쁠 때도 혁신과 변화를 추구하며, 그에 적응하지 못하는 낙오자를 남긴다. 답은 하나다. '애자일 인재'가 되는 것이다. 평생 공부하며 변화를 읽고, 그에 필요한 지식이나 기술을 즉시 익히면서 써먹어야 한다. 이제 대학교 4년, 석박사 학위 5년, 이런 식으로 공부해서 평생 먹고 살던 시대는 지나갔다. 실패나 실수를 두려워하지 않고, 잘못된 건 그때그때 수정하면서 완성해 가야 한다. 거기에 소통과 협업을 위한 배려와 관용, 공동체 정신이 미래, 아니 지금부터 갖춰야 할 '애자일 역량'이다. 다윗이 골리앗을 이길 수 있었던 건 기민함, '애자일' 덕분이었다는 사실을 기억하자.

디지털 네이티브를 위한
새로운 교육

코로나19로 사상 초유의 온라인 교육 시대가 열렸다. 초등학교부터 대학교까지 온라인으로 개학을 하고, 집은 교실이 되었다. EBS, 유튜브 동영상 콘텐츠를 활용한 수업과 온라인 화상회의 프로그램 '줌', '구글 미트'를 이용한 쌍방향 수업도 한다. 교사들은 '구글 클래스룸', '네이버밴드', '카톡 단체방' 등으로 과제를 관리하는 등 다양한 방식을 총동원했다. 단순 지식 전달은 대개 온라인 콘텐츠로 대체 가능하다는 것을 확인했다. 앞으로의 학습은 온라인 강의와 오프라인 학습을 적절히 혼합한 '블렌디드 러닝blended learning'으로 자리 잡아 갈 것이다.

코로나가 앞당긴 온라인 교육

이미 인공지능은 학생이 무엇을 알고, 모르는지 실시간으로 파악한다. 학생이 알고 있는 부분은 빠르게 넘어가고 모르는 부분은 해설을 통해 알려 준다. 인공지능 학습의 권위자이자 카네기멜런대학 교수 브루스 맥라렌Bruce McLaren은 AI를 활용해 학생들의 학습 형태를 분석하는 '루밀로Lumilo'를 선보였다. '루밀로'는 학생들의 학업 성취도와 행동을 실시간으로 볼 수 있는 지능형 튜터링 시스템이다. 학생들은 자기 속도에 맞춰 학습하고 '루밀로'는 학생들의 학습 진행 상황을 분석한다. 교사는 스마트글라스를 쓰고 증강AR 기술을 이용해 학생들의 학습 진행 상황을 한눈에 볼 수 있다. 또한 직접 강의하지 않는 시간에는 학생별로 개별 맞춤 피드백을 줄 수 있다.

이미 미국에서는 구글의 가상현실 현장학습 프로그램 '익스피디션 파이오니어 프로그램Expedition Pioneer Program'을 수업 시간에 활용하고 있다. 교사와 학생들은 다운로드받아 만들 수 있는 저렴한 '카드보드' 안경을 쓰고, 중국 만리장성과 대영박물관 등 전 세계 100개가 넘는 문화 유적지를 둘러볼 수 있다. 이와 같은 미래지향적 교육은 기술 변화와 함께 더욱 가속화될 것이다. VR 가상현실, AR 증강현실 기술을 이용한 온라인 콘텐츠도 머지않아 보편화될 전망이다.

이 같은 기술을 활용하면 그동안 꾸준히 제기됐던 개별 맞춤형 교육이 가능해진다. 수업 전 온라인 강의로 스스로 학습하고, 교실에선 팀 단위로 토론하고, 다양한 과제를 수행하는 방식이다. 일부 시행되던 거꾸로 학습, '플립 러닝flipped learning'이 전면 확대돼야 한다. 온라인으로 선행학습을 한 이후 오프라인 강의를 통해 교수와 토론식 강의를 진행하는 '역진행 수업 방식'을 말한다.

제각각 다른 아이들을 떡시루에 쪄서 네모반듯하게 자르는 교육으론 디지털 시대가 요구하는 인재를 길러낼 수 없다. 미국 버지니아주 고등학교 세 곳은 2018년도 신입생부터 '하이스쿨 2022' 프로그램을 만들었다. 학생들이 각자 학습 목표에 맞춰 수강할 과목과 과외활동을 정하고 개별 일정에 맞춰 등교와 하교를 한다. 피드몬트중학교는 공통과목을 아예 없애고 학생이 좋아하는 과목을 스스로 선택할 수 있도록 했다. 미술, 공예, 글쓰기, 영화와 영상 등 다양한 과목이 개설돼 있다.

기술 발달로 많은 일자리가 생기고 사라질 것이다. 대학에서 배운 지식과 기술이 대학 졸업과 동시에 무용지물이 되는 걸 눈으로 지켜봐야 할 수도 있다. 이제 필요한 건 어느 대학에서 뭘 배웠느냐가 아니다. 변화를 읽어내고, 빠르게 배울 수 있는 능력이다. 적응하고, 변화 속에서 새로운 것을 찾아내고 만들어내야 한다.

명문대의 높은 벽은 이미 허물어지고 있다. 하버드, MIT, 스탠퍼드 등 전 세계 유명 대학의 유명 강의를 무료로 들을 수 있다. 한국도 케이무크K-MOOC를 통해 유수 대학강의를 공개하고 있다. 케이무크는 국가평생교육진흥원에서 운영하는 오픈형 온라인 학습 과정이다. 컴퓨터만 있으면 시골집에서도 명문대 강의를 듣는 효과를 누릴 수 있다.

단순 지식은 필요 없다

이제 학습 동기와 배우는 능력만 있으면 혼자서도 학습할 수 있는 시대다. 그에 따라 교사의 역할도 변화할 것이다. 스탠퍼드대학교 교육대학원 폴 김 교수는 오래전부터 "교사의 역할이 정보를 전달하는 '티칭'에서 학습 동기를 부여하고 관리하는 '코칭'으로 옮겨가야 한다"고 주장해 왔다. "코치가 스타를 만들듯 교사는 학생에 대해 정말 잘 알아야 한다. 코치는 자기가 아는 걸 일방적으로 쏟아내 가르치지 않는다. 학생들 한 명 한 명의 특성과 자질을 파악하고 끊임없이 피드백해야 한다." 단순 지식은 클릭 몇 번이면 알 수 있다. 변화에 적응할 수 있는 역량을 키우는 교육이 필요하다.

교육이 추구하는 가치도 변하고 있다. 실리콘밸리 인재 양성 허브 스탠퍼드대학에선 상대평가 방식이 없다. 경쟁은 팀 단위로 이뤄진다. 경쟁에서 이기려면 팀워크가 무엇보다 중요하기 때문이다. 폴 김 교수는 스탠퍼드 출신들의 약진에 대해 이렇게 설명한다.

"팀 단위의 협업과 경쟁, 다양한 아이디어가 시너지를 낸다. 계속 팀이 바뀌면서 다양한 동료들과 상호작용하면서 지적 소스를 얻고 새로운 아이디어를 창출한다. 성격이나 스타일이 맞지 않는 학생들과 갈등도 겪고 이를 극복하면서 프로젝트를 수행하다 보면 사회성도 발달한다. 문제에 대해 본인과 다른 방식으로 접근하는 학생들과 협업하다 보면 자연스럽게 성장하게 된다. 이 과정에서 비즈니스 현장에서 필요로 하는 경쟁력을 갖춘 인재가 된다."

『디지털 네이티브』 등 다수의 책을 쓴 미래 교육 전문가 마크 프렌스키Marc Prensky는 한 걸음 더 나아간 주장을 펼친다. 소위 21세기 역량으로 꼽히는 소통과 비판적 사고, 창의성, 협업과 같은 역량

교육조차도 충분치 않다고 목소리를 높인다.

"아이들은 기술을 활용해 무엇이든 할 수 있다. 웹사이트에 신문을 만들 수도 있고, 수백만의 사람들과 소통할 수 있다. 학창 시절 배우고 나중에 뭔가를 하는 게 아니라, 아이들이 배우면서 동시에 뭔가를 할 수 있어야 한다. 아이들 각자가 실질적인 사회문제를 찾도록 돕고, 사회에 참여할 수 있도록 해야 한다. 더 나은 세상을 만들 수 있는 역량을 길러 줘야 한다. 이미 '적절하다고 공인'되거나 '유의미한' 문제로 가득 찬 교과서는 필요 없다."

실제 아쇼카Ashoka 같은 학교 밖 기관들은 아이들에게 '변화를 주도하는 사람'이 되라고 독려한다. 세상을 바꾸고 싶다는 아이들은 밖으로 나가 세상을 바꾸고 있다. 마크 프렌스키는 몇 가지 예를 들었다. 학생들은 중남미의 거칠고 척박한 땅에 '드론'을 활용해 곡식을 심자는 제안을 해 실제 그 일을 이뤄냈다. 미국 미시간에선 수돗물에서 철 성분이 발견돼 물을 마실 수 없는 일이 발생했다. 그때 열한 살 아이가 휴대전화에 철선을 연결해 물에 철분 성분이 있는지 확인하는 방법을 발견해 냈다. 지금도 지구촌 어디선가는 아이들이 각자 당면한 문제를 적극적으로 해결해 나가고 있다.

일본이 객관식 시험을 폐지한 이유

미래 시대의 주도권을 선점하는 핵심 열쇠는 인재다. 교육혁명은 이미 선진국을 중심으로 '현재진행형'이다. 2018년 미국 교육계를 놀라게 한 발표가 있었다. 미국 100대 명문 사립고등학교가 성적 증명서에 과목별 성적을 빼고 핵심 역량 성취도를 중심으로 기재한다는 것이 골자였다. 미국 교육 전문지 《인사이드 하이어 에드Inside Higher Ed》에 따르면 8대 핵심 역량은 다음과 같다.

1. 분석적·창의적 사고능력
2. 복합적 의사소통
3. 리더십과 팀워크
4. 디지털·양적 리터러시
5. 세계적 시각
6. 적응력·진취성·모험정신
7. 진실성과 윤리적 의사결정
8. 마음의 습관

현재 교육으로는 미래 일자리가 요구하는 인재를 키울 수 없다는 판단에서다. 일본은 우리나라 수능과 같은 객관식 시험을 2020년 폐지했다. 우선 대학입시에서 중요한 비중을 차지하는 국어와 수학부터 객관식 시험을 없애고 논술형 시험으로 바꾼다. 암기력을 테스트하는 대신 아이들의 생각을 묻는 서술과 논술, 에세이, 프레젠테이션을 도입했다. 사회가 요구하는 복합적 문제를 풀 수 있는 사고력과 문제해결력을 키워 주자는 취지에서다. 미국 뉴욕의 공립중학교 퀘스트투런(Quest to Learn, Q2L)은 전 교과과정에 게임을 도입해 활용하고 있다. 기존 교과 구별을 없애고, 아이들의 흥미를 유발하는 '게임 친화 학습'을 도입했다. 게임 속 캐릭터의 임무를 수행하며 자연스레 지식과 문제해결력을 기르는 교육법이다.

세계적 미래학자 토머스 프레이는 『에피파니Z』에서 대학 졸업장이 '신분의 상징'이던 시대는 끝났다고 했다. 평생 재교육과 세세하게 개인 능력을 평가하는 '정량화된 자아自我'의 시대가 온다는 것이다. 그러면서 "향후 10년간 전 세계 대학의 절반가량이 사라질 것"이라고 했다. "2030년에 경제 활동을 시작하는 사람은 평생 8~10개 직업을 바꿔 가며 일하게 될 것이다. 이를 위해 매우 구체적인 기술 재교육이 필요하다. 예를 들어 3D 프린팅 디자이너, 드론 조종사가 되는 걸 배우는 거다. 다시 대학으로 돌아가 2년간 공부해 새로 학위를 따는 건 말이 안 된다. 대신 2주~2개월짜리 짧은 교육에 대한 수요가 크게 높아질 것이다. 그런 교육을 제공하는 '마이크로 대학micro college'이 대세가 된다."

마크 프렌스키는 디지털 환경이 구축된 세상에서 태어나 모국어처럼 디지털을 다룬다는 의미에서 새로운 세대를 디지털 네이티브로 명명했다. 반면 기성 세대는 아날로그 환경에서 태어나고 자라 디지털 기술을 개발하고 익혀서 활용해야 하는 디지털 이민자Digital Immigrant라고 했다. 그는 '디지털 이민자' 부모들에게 간곡히 전한다.

"오늘날에는 학문적 성공이 아이들에게 열려 있는 유일한 길도 아닐뿐더러 심지어 최선의 길도 아니다. 진정으로 자녀를 돕고자 한다면 부모들은 실질적인 사회 참여 실현을 더욱 강조하고, 자신의 학창 시절에 중요하게 여겼던 성적이나 학업 성취를 덜 강조해야 한다. 부모의 요구나 바람이 아니라 아이가 원하는 관심 분야를 찾고 열정을 발휘하도록 도와줘야 한다. '디지털 이민자'인 부모들은 자신이 완벽히 이해하지 못하는 세상이지만 자녀는 그 세상을 정면으로 마주하도록 도와야 한다. 그러기 위해서는 큰 용기와 노력이 필요하다. 용기 있는 부모가 얻게 될 보상은 매우 크다. 그들의 자녀는 긍정적인 태도를 지닐 뿐 아니라 분명 미래 사회에서 성공을 거둘 것이다."

지금 우리 교육은 혁신을 넘어 혁명이 필요한 시점이다. 그래야만 4차 산업혁명의 파고를 무사히 넘을 수 있다. 교실은 친구들과 함께 소통하고, 토론하고, 머리를 맞대 협업하는 '배움의 공동체'로 거듭나야 한다. 학교는 미래 사회가 요구하는 다양한 역량들을 끌어내고 키워 줘야 한다. 배움의 즐거움을 함께 알아가는 곳이자 나의 가치를 찾아가는 공동체여야 한다. 끝없이 도전하고, 실패했을 때 서로 용기와 격려를 아끼지 않는 곳, 가장 좋아하고 잘하는 것을 찾아가는 공간이어야 한다. 나아가 더 나은 세상을 위해 기여하는 인재가 역동적으로 꿈틀거리며 자라는 곳이어야 한다. 서태지가 30년 전 불렀던 '교실 이데아'의 가사와 같은 학교라면 미래 교육은 위험하다. 정답 있는 지식은 손안에 다 있으니까 말이다.

부모는 아이들이 온라인 세상에서도 잘살 수 있도록 이끌어야 할 책임이 있다. 일상에서 잘못과 권리, 책임 등을 가르치는 것같이 온라인에서도 마찬가지다. 디지털 시민 정신으로 단단히 무장해야 한다. 규칙을 정하고 모범을 보여야 한다.

2장

디지털
네이티브를 위한
부모 교육

디지털 금수저를
물려주자

"아이에게 스마트폰, 언제 사 줘야 할까요?"

맘카페에 올라오는 단골 질문이다. 우리 아이들은 옹알이할 때부터 스마트 기기를 접한 '디지털 네이티브'다. 기기 사용법을 따로 알려 주지 않아도 능숙하게 손가락 몇 번 '터치'해 스크린을 완벽히 장악한다. TV 대신 유튜브를 보고, 전화 대신 SNS로 소통한다. 바깥에서 몸 부대끼고 노는 시간보다 게임으로 협업하는 시간이 훨씬 길다. 디지털 네이티브인 아이들은 기기를 다루는 면에서 디지털 이민자인 우리보다 훨씬 능숙하다. 이젠 '오장육부'가 아니라 '오장 칠부'라고 해야 한다나.

코로나19 팬데믹으로 모든 표준이 오프라인에서 디지털로 이동했다. 학교에 가지 못하는 동안 아이들은 줌으로 수업을 듣고, 친구와 만나고, 게임을 통해 우정과 동지애를 느낀다. 아이들의 스마트폰 사용은 거스를 수 없는 메가트렌드다.

아이에게 언제 스마트폰을 주어도 되는지에 대한 정답은 없다. 아이마다 성향도 기질도 다르고, 맞벌이냐 아니냐 등의 가정 상황에 따라서도 달라진다. 분명한 건 '스마트 기기를 사용할 준비가 됐다고 판단될 때 다음 단계로 넘어가야 한다'는 것이다. 『디지털 시대 아이를 키운다는 것』의 저자 줄리아나 마이너Julianna Miner의 말이다.

일단 스마트폰이 아이 소유가 되면 돌이키기는 힘들다. 누군가는 이미 짜버린 치약을 도로 넣는 것만큼 힘들다고 표현한다. 아이가 어릴 때는 스마트폰 사용 시간을 제한하는 게 좋다. 세계보건기구WHO는 만 2~4세 어린이가 하루 1시간 이상 스마트폰을 볼 경우 건강을 해칠 수 있다고 경고한다. 특히 만 1세 이하는 전자기기 화면에 노출되지 않아야 한다. 미국소아과학회에서도 생후 18개월 이전에는 스마트폰뿐만 아니라 전자기기 노출을 절대적으로 피해야 한다고 설명한다. 신체 활동과 충분한 수면이 필요한 영아기에 스마트폰을 보게 되면 뇌 발달, 비만 같은 문제가 생긴다는 설명이다.

스마트폰을 스마트하게 쓰게 한다

중독성이 강한 것은 분명하지만 사실 스마트폰은 죄가 없다. 중독에 이른 건 스마트폰을 '스마트'하게 쓰는 법을 가르치지 않은 탓이 더 크다. '친구들이 갖고 다니니까' 혹은 '학원 갈 때 연락해야 하니까' 스마트폰을 쥐여주면 안 된다. 그건 아무런 훈련 없이 아이를 전쟁터에 보내는 것과 다르지 않다. 디지털 세상엔 주옥같은 정보도 많지만 그 못지않게 위험한 음란물, 유해 정보, 데이팅 앱 등이 존재한다. 그 때문에 아이들이 성인이 되기 전까지는 구글 패밀리 링크와 같은 스마트폰 관리앱을 깔아 유해 정보를 차단하고, 사용 시간도 제한할 필요가 있다.

스마트폰을 사 주기 전에 스마트폰 사용 시간과 이용 방법에 대해 충분한 대화를 나눠야 한다. 이를테면 주중에는 하루 30분, 주말엔 한 시간, 이런 식으로 사용 시간을 정한다. 그리고 아이가 제 할 일을 다 했을 때 포인트를 쌓아 게임 시간에 쓸 수 있도록 규칙을 세우는 것이다. 부모가 종일, 식사 시간조차 유튜브에서 눈을 떼지 못한다면, 아이는 그대로 보고 배울 수밖에 없다. 아이와의 대화는 줄고, 아이를 관찰하기도 어렵다. 자연스레 아이와의 공감과 소통이 부족해진다. 미국 작가 니르 이얄Nir Eyal은 이렇게 말했다.

"21세기에 가장 중요한 기술은 주의력을 빼앗기지 않는 능력인데,
교사와 학부모가 이를 가르치는 데 실패하고 있다."

그의 말대로 집중력을 유지하는 방법 같은 것도 아이와 연구해야 한다. 자신도 모르게 스마트폰은 몰입도를 갉아먹는다. 아이와 함께 있는 시간에는 스마트폰을 사용하는 장소와 시간을 정해 두는 것이 좋다. 아이와 함께 슬기로운 디지털 생활자로 거듭나 보자. 아이에게 '디지털 금수저'를 물려주는 첫걸음은 부모의 디지털 습관이다.

디지털 네이티브 자녀를 위해 부모가 할 일

지금 부모 세대는 아이들에게 스마트폰 활용법을 가르쳐야 하는 인류 첫 세대다. 부모는 아이들이 온라인 세상에서도 잘살 수 있도록 이끌어야 할 책임이 있다. 일상에서 잘못과 권리, 책임 등을 가르치는 것같이 온라인에서도 마찬가지다. 디지털 시민 정신으로 단단히 무장해야 한다. 규칙을 정하고 모범을 보여야 한다.

디지털 이주민이 디지털 네이티브를 가르치려면 관심을 가지고 알아야 할 것들이 있다. 다음 몇 가지에 대해 틈날 때마다 아이와 대화해 보자.

1. 온라인 평판과 디지털 풋 프린트

온라인에서 남긴 발자국은 평생 남을 수 있다. 페이스북, 인스타그램 등에 올리는 개인 정보가 훗날 직장을 구하거나 사람을 만날 때 발목을 잡을 수도 있다는 걸 염두에 둬야 한다. 게시물이나 사진을 올릴 때뿐 아니라 '좋아요'를 누르고 댓글을 남길 때도 영원히 남아도 괜찮은지를 스스로 물어야 한다. 어렵게 공부해서 대기업에 합격했는데, 합격 취소 통보가 된 한 남자가 있었다. 음란물을 수천 회에 걸쳐 다운받고, 업로드도 했다는 이유에서였다. 그는 회사를 상대로 소송을 제기했는데, 대법원에서 합격 취소가 정당하다는 판결이 났다. 인공지능 프로그램은 점점 더 정교해져서 당신의, 당신 자녀의 디지털 발자국을 수집할 것이다.

2. 개인 정보 지키기

아이에게 개인 정보 보호에 관해 주지시킨다. 온라인으로 모르는 사람들에게 이름과 주소, 개인 정보를 알려 주면 안 된다는 걸 알게 한다. 너무 당연한 상식 같지만 아이들은 위험을 인식하지 못한다. 아이들은 현실 세계에 있는 것처럼 온라인 세계를 완전히 신뢰한다. 길을 건너거나 자전거를 타는 법을 익히는 것같이 개인 정보에 관해 이야기해 주자. 인터넷과 온라인상에서 안전을 가르치고, 낯선 사람과 대화하지 않는 원칙 등 자신을 보호할 수 있는 법을 가르친다.

3. 사이버불링(사이버 괴롭힘)

사이버불링이란 사이버Cyber 공간에서 약자를 괴롭힌다는 뜻의 불링Bullying이 합쳐진 합성어다. 사이버불링의 수법은 다양하다. 카카오톡 단체 대화방에 특정 학생을 초대한 뒤 단체로 욕설하는 것이 대표적이다. 피해자가 견디다 못해 방을 나가도 가해자들은 지속해서 방으로 초대한다. 소위 '카톡 감옥'이다. 또 특정인을 초대한 뒤 방에 있던 사람들이 한꺼번에 퇴장하는 '온라인 왕따'도 있다. 이 밖에도 스마트폰 핫스팟 기능을 이용해 피해자의 데이터를 무제한으로 빼앗고 이모티콘이나, 현금 대신 쓸 수 있는 기프티콘을 강제로 선물하게 해 갈취하는 등 금전적 피해를 주기도 한다. 게임 속 아이템을 대신 구하라며 괴롭히는 '아이템 셔틀'도 사이버불링의 하나다.

한국인터넷자율정책기구KISO에 따르면 사이버불링에 △인터넷 서비스 아이디를 도용하여 거짓 정보 올리기, △문자로 루머 퍼뜨리기, △동성애자라고 폭로하기, △휴대폰으로 음해 문자 보내기,

△온라인에 거짓 소문 퍼뜨리기, △동영상 촬영 유포 등이 있다. 가해자는 단순히 장난으로 인식하는 데 반해 피해자는 심각한 정신적 고통에 시달린다. 이러한 행동이 범죄가 된다는 것을 미리 알려 주자. 그리고 사이버불링을 당하면 그 즉시 부모와 학교 선생님에게 알려야 한다고 말해 주자. 학교전담경찰관에게도 신고해야 한다.

4. 악플을 대하는 자세

매일 접하는 뉴스나 SNS에 댓글이 달린다. 기사 밑에 달린 댓글이 기사보다 더 궁금할 때도 있다. 어느 순간 수천 개 댓글을 계속 읽어 내려가는 나를 발견한다. 댓글 달 용기도 부지런함도 없지만 남이 쓴 댓글에 찬성, 반대를 누르곤 한다. 저마다 생각이 다르니 강하게 비판하는 것까지는 '오케이'다. 그렇지만 인신공격이나 욕설이 담긴 악플을 다는 사람들이 있다. 익명성 뒤에 숨어 자기 안의 결핍을 배출한다. 이런 악플은 관심을 두지 않는 게 최선이다.

악플을 단 사람이 실제로 아는 사람이면 오프라인에서 해결하는 방법이 좋다. 만약 디지털 공간에서 누군가 반복해서 악플을 단다면 재빨리 차단하고 신고해야 한다는 것을 아이에게 알려 준다. 악플 다는 사람들은 마음이 아픈 사람들이므로 불쌍하게 생각하라는 조언도 잊지 말자. '왜 대체 나한테 악플을 달지?' 분노, 화의 감정은 나를 상하게 한다. 상대에 대한 연민을 가지는 편이 내 정신건강에 이롭다. '안됐다, 괜찮은 사람이 되기를 기도한다.' 이런 마음가짐으로 악플을 대한다면 아이는 디지털 세상에서 마음을 지키는 방패를 가질 수 있다.

🔌 아이가 스마트폰을 많이 한다면?

구글 패밀리 링크(Google Family Link)

자녀의 스마트폰 사용 유형을 알 수 있을 뿐 아니라 사용 시간도 제어할 수 있다. 자녀가 특정 앱을 내려받을 때 허용할지도 결정할 수 있다. 무료 서비스며, 자녀의 구글 계정을 등록하면 앱 사용이 가능하다. 독립적 성향을 나타내는 사춘기 이후의 자녀들에게는 사용하기 어려울 수 있으나, 스스로 스마트폰 사용을 조절하기 어려운 미취학 아동이나 초등학생 자녀에게는 충분한 규칙 설명 후 사용할 수 있다. 아이폰에서도 쓸 수 있다.

SK텔레콤의 '잼(ZEM)'

자녀의 스마트폰을 실시간으로 관리하도록 돕는 무료 앱이다. 부모가 미리 설정한 시간표에 따라 자녀의 스마트폰 사용을 제어할 수 있다. 총 사용 시간과 현 위치 등의 정보도 파악할 수 있다. 자녀가 SK텔레콤 고객이어야 사용할 수 있다. 안드로이드 폰뿐만 아니라 아이폰에도 설치할 수 있다.

'모바일펜스' 앱

웹사이트를 차단하고 자녀가 어디에 있는지 실시간 위치를 확인할 수 있다. 최대 10대까지 기기를 등록해 원격 제어도 가능하다. 가격은 스마트 기기 지원 개수에 따라 연 단위 정액제를 부과한다. 구글 안드로이드 기기에서만 사용할 수 있다.

'엑스키퍼' 앱

자녀의 스마트폰 사용 시간과 유해 콘텐츠, 유료 앱 다운로드 등을 제어한다. 보행 중 스마트폰 사용을 막고 증강현실(AR) 게임에 과몰입하는 것을 방지하는 기능도 있다. 안드로이드 기종에서만 사용할 수 있다.

'스크린 타임'

애플 아이폰에 있는 기본 기능이다. 요일별 아이폰 이용 가능 시간을 제한할 수 있고, 어떤 앱을 몇 분간 사용했는지 한눈에 파악할 수 있다. 안드로이드 폰은 스크린 타임을 쓸 수 없다.

표준학습법이 달라진다
: 디지털 리터러시

억대 연봉을 받는 직장인이 되는 건 쉽지 않다. 한 연구기관에 따르면 억대 연봉자는 전체 회사원의 3퍼센트 정도로 알려져 있다. 그럼 연봉 5억 이상은? 국세청이 발간하는 국세통계연보에 따르면, 기준 과세표준이 5억 원을 초과하는 근로자는 총 6,680명이라고 밝혔다. 우리나라 전체 인구의 대략 33퍼센트가 직장인인데 이를 고려해 보면 5억 원 이상 근로자는 전체 직장인의 0.01퍼센트 수준임을 알 수 있다. 그런데 최고 '스펙'으로 무장하고 십수 년 경력을 쌓은 직장인도 아닌 20대 학부생이 연봉 5억을 받는다는 것이 가능할까?

울산과학기술원UNIST 학부생 출신인 김태훈 씨가 그 주인공이다. 그는 스물여섯 살에 일론 머스크가 세운 비영리 인공지능 기업 오픈AI에 합류했다. 그는 오래전부터 온라인 홈페이지(carpedm20.

github.io)를 운영하면서 자기가 개발한 오픈소스 코드를 공개했다. 그가 세계 AI 연구자들 사이에서 유명세를 탄 건 2016년 3월 알파고가 이세돌을 이겼을 때다. 구글은 기업기밀이라고도 볼 수 있는 알파고의 소스 코드 80퍼센트를 즉시 공개했는데, 그는 나머지 20퍼센트 모듈 중 20개를 풀어 공개했다. 그걸 본 구글 브레인의 수장 제프 딘Jeff Dean이 그에게 함께 일하자며 직접 메일을 보내왔다. 그때 그의 나이는 고작 스물세 살이었다.

그런가 하면 10대 소년 잭 안드라카Andraka는 오직 인터넷만 활용해 췌장암 조기진단 키트를 발명했다. 그가 췌장암에 관심을 가진 건 열세 살. 삼촌처럼 따르던 이웃 아저씨가 췌장암으로 세상을 떠나면서다. "췌장암은 뭐지?", "왜 이렇게 생존율이 낮지?", "어떻게 하면 췌장암을 일찍 발견할 수 있지?" 그는 혼자 인터넷 검색을 통해 약 8천 개에 달하는 단백질 데이터베이스를 얻었다. 그중 췌장암에 반응하는 단백질을 찾는 것은 '모래사장에서 바늘 찾기'와 같았다. 4천 번이 넘는 실패 끝에 그는 췌장암, 난소암, 폐암 등에서 '메소탈린'이란 단백질이 급격히 증가한다는 사실을 발견했다. 안드라카는 췌장암 생존율을 높이기 위해서는 '조기 발견'이 최선이라는 판단을 내리고 진단키트 개발에 들어갔다.

여기까지 안드라카가 활용한 자료는 위키피디아와 구글 등 인터넷과 생물 교실의 도구 몇 가지에 불과했다. 그는 자신의 연구 결과를 수십 개 대학 연구소 이메일로 보냈다. 그중 존스홉킨스대학의 한 박사가 관심을 가지고 연구환경을 제공했다. 결국 잭 안드라카는 스무 살의 나이에 췌장암 조기진단 키트를 발명하는 데 성공했다. 이로써 췌장암 검사 비용은 3센트, 검사 시간도 5분으로 단축됐다. 정확도 역시 90퍼센트로 올라갔다. 그는 테드 강연을 통해 "누구든 할 수 있다"라고 독려했다.

"제가 배운 최고의 교훈은 바로 '인터넷에 모든 것이 있다'는 겁니다. 개발에 필요한 논문들은 인터넷에서 쉽게 볼 수 있었어요. 대부분의 아이디어도요. 인터넷을 재미로만 이용하지 말고 세상을 바꿀 수 있는 도구라고 생각해 보세요. 뭔가 만들어 내겠단 생각만 있으면 뭐든 할 수 있어요."

디지털 리터러시의 차이가 빈부의 차이를 만든다

이것이 스마트족의 '표준학습법'이다. 인터넷이란 똑같은 도구를 가지고 누군가는 세상을 바꾼다. 그런가 하면 누군가는 각종 유해물에 노출되고, 중독이란 늪에서 허우적대기도 한다. 디지털 리터러시digital literacy가 있느냐 없느냐의 차이다. 김경희 한림대 미디어커뮤니케이션학부 교수는 "앞으로 디지털 미디어를 이용하지 못하면 사회에서 낙오될 수 있다"면서 "디지털 리터러시 역량 차이에 따라 빈부격차까지 나타날 것"이라고 경고했다.

'리터러시'의 사전적 정의는 '읽고 쓸 수 있는 능력'이다. 따라서 '디지털 리터러시'는 '디지털 세계를 이해하고 활용할 수 있는 능력'이라고 할 수 있다.

단순히 스마트폰과 인터넷 등 기술을 잘 다루는 것을 의미하는 게 아니다. 디지털 미디어와 콘텐츠 등 정보를 이해하고 비판적으로 사고하는 능력, 나아가 콘텐츠 소비자에 머물지 않고 생산자로 나서는 일까지 포함한다. 해외에선 코딩도 '디지털 리터러시'의 일부로 보고, 어려서부터 철저히 가르친다.

모든 지식을 구글에서 어느 때보다 빠르게 찾아낼 수 있는 시대다. 우리 뇌는 새로운 환경에 빠르게 적응하고 있다. 필요한 정보를 찾고, 키워드를 구성하고, 즉시 검색을 해서 결과를 분류하고 최적의 정보를 클릭하는 과정, 그리고 출력되는 텍스트를 빠르게 이해하는 방식으로 뇌가 구조화되고 있다. 앞으론 스마트폰 활용에 적합한 두뇌를 가진 인재가 경쟁력을 갖고 생존력에 유리할 것이다.

지금도 기존 방식의 틀을 깨고 새로운 문명의 기준에 맞춰 빠르게 적응한 사람들이 세상의 부를 독차지하고 있다. 구글, 애플, 마이크로소프트, 아마존 등 인터넷 기업이 세계 시가총액 5위를 차지하고 있다. 연간 수십억씩 버는 인기 유튜버들을 떠올려보자. 우리 눈에 띄지 않아도 스마트폰 비즈니스로 엄청난 수입을 올리고 있는 사람들이 수없이 많다. 경력 단절 주부가 단지 블로그만 시작했을 뿐인데 두세 달 만에 월 4백만 원을 벌었다고 유튜브에 나와 이야기한다. 대기업 자동차 회사에 다니다 부업으로 시작한 온라인 마케팅이 예상외로 잘돼 퇴사한 이의 사연도 그리 어렵지 않게 찾아볼 수 있다. 좋은 대학 나와서 번듯한 직장에 가서 일하는 게 정답이 아닌 시대다.

자본은 디지털 세상으로 옮겨갔는데, 오프라인에 아직 남아 있는 조그만 파이를 나눠 먹느라 치열한 경쟁이 이어질 것이다. 지식 반감기는 점차 짧아진다. 지식 발전 속도가 너무 빨라 오늘의 지식이 언제 '박제'가 될지 모르는 상황. 아이들은 엄청난 속도로 쌓여 가는 데이터, 콘텐츠, 정보 속에서 살아갈 것이다. 방대한 지식을 외우는 것은 의미가 없다. 대신 문제를 해결해 나가는 능력이 필요하다.

최재붕 성균관대 서비스융합디자인학과·기계공학부 교수는 포노 사피엔스 문명에 맞춰 표준이 바뀌면 교육의 목표도, 그에 따른 콘텐츠도, 교육의 방법도 바뀌어야 한다고 목소리를 높인다. 코로나19 이후 수면 위로 드러난 교육 문제는 단순히 기존의 오프라인 수업을 온라인으로 옮기는 문제가 아니다.

"일자리 생태계가 달라지면 교육도 달라져야 한다. 프로그래밍이든, 음악이든, 춤이든, 유튜브든, 웹툰이든, 게임이든 자기가 좋아하는 일을 실컷 하면서도 성공할 수 있는 길이 열렸다. 더구나 당당하게 실력으로 겨루는 곳이다. 아이들에게 성공 사례를 잘 알려주고 그런 미래를 준비하라고 꿈을 심어주는 교육이 필요하다. 대입이라는 한 가지 목표로 교육하는 시대는 지났다."

아이를 위해 오늘부터 디지털 육아

슬기로운 디지털 활용을 위해 무엇을 해야 할까? 우선 부모가 아이들에게 '디지털 멘토'가 돼야 한다. 『시작했습니다, 디지털 육아』의 저자 정현선 경인교육대학 교수는 "생활 속에서 아이가 미디어를 생산적으로 활용할 수 있도록 도와주라"고 말한다. 정 교수의 경우 일상생활에서 아이가 디지털 기기의 효용 가치를 느낄 수 있도록 다양한 시도를 했다고 한다. 아이가 만화를 보다가 '블랙홀'이나 '빅뱅' 등에 관해 물어보면 그 자리에서 인터넷 구글과 유튜브를 함께 검색하는가 하면 아이가 직접 인형극을 만들 수 있는 앱을 다운로드해 주기도 했다. 아이가 블록 놀이하는 모습을 동영상으로 찍어 '모션 스톱'이란 앱을 활용해 애니메이션을 만들어 보기도 했다. 아이에게 글자와 숫자를 가르치듯, 스마트폰도 그렇게 열렬히 '가르쳐야' 한다.

둘째, 누구나 정보 생산자가 되는 시대엔 '디지털 쓰레기'를 걸러내는 작업이 무엇보다 중요하다. 아이가 초등학교에 들어가면서 특히 중요해지는 것이 '가짜 정보'를 거르고, 필요한 정보를 찾아 활용하는 능력이다.

2016년 스탠퍼드대학은 10대 청소년들이 온라인에서 미디어 정보를 어떻게 받아들이는지 연구했다. 아이들은 허위·조작 정보를 제대로 판별해 내지 못했고, 대부분 뉴스 출처보다 기사의 길이와 사진 등을 근거로 뉴스의 신뢰도를 평가했다. 연구를 주도한 샘 와인버그 교수는 "소셜미디어에 익숙한 학생층이 정보를 받아들이는 능력이 뛰어나다는 생각은 사실과 달랐다"고 지적했다. '디지털 네이티브'에게 '디지털 멘토'가 절실한 이유다.

셋째, 미디어 전문가들은 '비판적 독해 능력'을 강조한다. 한국언론진흥재단 양정애 연구위원은 "일상에서도 미디어가 제공하는 정보와 콘텐츠에 대해 비판적으로 생각하고 이해하려는 습관을 길러야 한다"고 조언한다.

하나의 콘텐츠만 보지 말고 여러 개를 다각도로 살펴보라는 것,

그리고 정보 진위를 확인하는 것이 '디지털 리터러시'의 핵심이다. 자료 출처를 확인하거나 관련 내용을 시간대별로 추적해 보는 연습도 필요하다. 이런 능력은 단기간에 길러지기 어렵다. 그렇기에 아이가 정보를 비판적으로 읽어 낼 수 있는 눈을 어릴 때부터 길러 주는 것이 중요하다.

그야말로 4차 산업 '혁명' 시대다. 혁명의 시대는 모든 것이 뒤집힐 수 있다. 두려운 건 당연하다. 어떤 미래가 올지 아무도 모르기 때문이다. 그래서 아이가 스마트폰에 빠져 있는 게 더욱 두려운지 모르겠다. 익숙함과 결별하는 건 용기가 필요하다. 그만큼 철저한 대비도 해야 한다. 새로운 시대에 맞는 스마트한 교육에 마음을 열자. 아이와 함께 디지털을 '공부'해야 한다. 디지털 이주민이 원주민을 일방적으로 가르칠 순 없다. 아이와 머리를 맞대고 디지털 활용 전략을 세워 보자. 덮어놓고 스마트폰은 안 된다고 하는 건 아이를 과거의 사고방식에 가두는 것이다.

자녀의 나이와 상관없이 권장하는 디지털 육아 5대 원칙

1. 부모 자신의 미디어 이용 행동을 점검해 본다. 부모들은 업무를 보느라 컴퓨터와 스마트폰에 매달려 있으면서 아이의 미디어 이용만 막으려 하지는 않았는가. 자녀가 이를 어떻게 받아들일지 생각해 보는 시간이 필요하다.

2. 가족 모두가 디지털 기기를 사용하지 않는 시간을 정한다. 자녀가 어릴수록 몸으로 놀아 주는 것이 자녀와의 긍정적 관계를 위해 매우 중요하다. 몸으로 놀아 주거나 야외 활동을 하는 시간, 책을 읽어 주는 시간을 계획하고 실천한다.

3. 규칙의 이유를 충분히 인지시킨다. 아무런 설명 없이 일방적으로 규칙을 정하면 아이의 반항심만 불러일으킨다. "이런 사이트는 들어가지 마"보다는 왜 들어가면 안 되는지, 부정적인 영향에 대해 구체적으로 설명해 주면 훨씬 효과적이다.

4. 아이와 디지털 경험을 공유한다. 아이와 관계가 좋아야 디지털 코칭도 성공할 가능성이 크다. 감시자가 아닌 친구 같은 부모가 되자. 아이가 스마트폰으로 게임을 할 때 관심 있게 공감하는 모습을 보이자. "이 사람이 게임의 주인공이야?" "아이템을 획득하면 점수는 얼마나 올라가니?" 아이와 디지털 경험을 공유하기 위해선 부모 역시 그 분야에 대한 지식이 있어야 한다. 자녀가 자주 사용하는 앱이나 게임 등에 관심을 두자.

5. 우리 가족의 '디지털 규칙'을 정하고 함께 지키자. 가족회의를 통해 서로의 입장을 충분히 공유한다. 가족회의 시간을 이용해 규칙이 잘 지켜지고 있는지 대화를 나눈다.

출처: <시작하겠습니다, 디지털 육아>, 정현선

디지털 세상에 필요한
자기 조절력

코로나19 이후 우리 일상은 디지털 중심이 되었다. 학교에 가는 대신 온라인에 접속하고, 재택근무로 인해 화상회의를 경험했다. 쇼핑과 은행 업무 등 기존에 오프라인을 고집하던 사람들까지 디지털 세상에 발을 들였다. 코로나19로 대량 실직 사태를 겪은 미국에서는 지난 몇 년간 침체했던 성인 대상 온라인 강의가 다시 부흥하고 있다. 위기를 기회로 삼아 자기만의 차별화된 경쟁력을 쌓으려는 것이다. 《뉴욕타임스》에 따르면 코세라(온라인 대중 공개강좌 '무크'의 한 종류)는 2020년 3월 중순에서 5월 중순 사이 약 1천만 명의 신규 가입자를 받았다. 전년 대비 증가 수보다 일곱 배 많은 수준이다.

미래학자들은 현재 온라인과 오프라인의 비율이 20대 80이라면 미래에는 온라인 비중이 80까지 늘어날 것으로 전망한다. 공부도, 일도, 여가도 디지털 세상에서 이뤄질 미래에는 자기 조절력, 절제력이 절대적으로 요구된다. 지능적이고 매력적인 디지털 기술은 사용자를 점점 더 빠져들게 하고 피할 수 없게 만들고 있다.

우리가 별생각 없이 누른 '좋아요'와 '퍼나르기'는 차곡차곡 빅데이터에 쌓인다. 빅데이터는 우리가 이용하는 수많은 데이터 중에서 사용자가 좋아할 만한 데이터를 모은다. 이른바 '데이터 마이닝'이다. 그렇게 수집된 데이터에서 '필터링'을 거쳐 더 좋은 데이터를 추려낸다. 그만큼 사용자의 마음을 흔드는 광고와 관련 콘텐츠들이 많아진다. 정신을 바짝 차리지 않으면 자극적인 기사 제목에 낚여 댓글까지 읽고 있는 자신을 발견하게 될 것이다. '클릭' 수에 따라 광고 단가가 결정되니 디지털 세상은 점점 더 자극적인 콘텐츠가 범람한다. 넓고도 깊은 디지털 세상에서 우리는 길을 잃기 쉽다.

아이들에게 가르쳐야 할 무엇보다 중요한 생존기술은 디지털의 차단과 회피가 아니다. 끝없이 주의분산을 유도하는 디지털 환경을 아이 스스로 통제하며 기술을 활용하는 능력이다. 디지털 기술이 우리의 활동과 시간 쓰는 방식을 지배하는 만큼, 이를 조절하는 능력을 길러 주는 게 무엇보다 중요한 과제다.

너무나 유명한 마시멜로 실험을 간단히 짚어 보자. 1960년대 4~5세 아이들 500명을 대상으로 마시멜로를 한 접시씩 주면서 15분 뒤까지 먹지 않으면 하나를 더 주겠다고 약속했다. 실험 결과 15분을 기다려 두 배의 기쁨을 맛본 아이들은 30퍼센트에 불과했다. 놀라운 것은 14~15년 뒤, 아이들이 대학에 진학하는 시기에 나타난 차이였다. 1차 실험 참가자 중 155명을 추적 조사한 결과 첫 번째 마시멜로의 유혹을 뿌리치고 버텨 냈던 아이들은 미국 대학 수학능력시험인 SAT에서 평균 점수 차이가 200점 이상 났다. 졸업 이후로도 수입이나 결혼 만족도, 건강과 비만 척도 등에서 상당한 차이를 보였다.

비단 이 결과가 아니더라도 자기 조절력, 절제력은 시대를 막론하고 목표를 성취하는 데 큰 무기가 된다. 호시탐탐 유혹을 보내는 디지털 세상에서 그 중요성은 훨씬 더해질 것이다.

'집에서도 사무실에서도 집중력을 발휘하려면? 제시간에 목표한 성과를 내려면? 각종 SNS, 자극적인 기사, 온라인 게임, 음란물, 채팅앱 등 온갖 유혹을 뿌리치려면? 자기 계발을 위해 신청한 온라인 강의를 끝까지 수료하려면?' 지금 당장 만족을 위해 마시멜로를 먹지 않고 자기를 다스리는 힘이 필요하다.

자기 조절력이 높아야 자존감도 높다

자기 조절력은 뇌의 전두엽 발달과 긴밀한 연관이 있다. 인간의 뇌에서 가장 마지막에 발달하는 전두엽은 감정과 정보, 욕구 등을 통합하고 조절하는 '관제탑' 역할을 한다. 전두엽이 발달한 사람일수록 감정을 잘 조절하고 정서가 안정돼 있으며, 타인을 배려하는 마음도 깊다.

하기 싫지만 해야만 하는 일을 해내는 의지력, 하고 싶지만 해서는 안 되는 일을 참아내는 자제력, 이것과 저것을 비교해서 어느 한

쪽을 선택해 내는 판단력, 복잡한 상황을 이해하는 사고력, 감정을 있는 그대로 다 분출하지 않는 감정조절력 등이 전두엽의 영역이다. 쉽게 말해 사람을 사람답게 만들어 준다. 동물은 전두엽이 없다.

전두엽이 잘 발달하지 못하면 자기 조절력, 절제력이 떨어지고 목표지향적으로 행동하지 못한다. 따라서 사회생활을 잘 해내기 어렵다. 문제는 오늘날 우리 아이들을 둘러싼 환경이다. 수많은 동영상 콘텐츠와 광고는 즉각적인 만족감을 아이에게 준다. 시각적인 자극의 수용은 전두엽이 아니라 주로 후두엽으로 이어진다.

시간이 갈수록 더 즉각적이고 자극적인 것만을 추구하는 뇌를 연구자들은 '팝콘 브레인'이라고 이름 붙였다. 200도 넘는 온도에서만 요란하게 반응하는 팝콘처럼 뇌도 그렇게 된다는 것이다. 자극적인 영상에 익숙해진 아이들은 종이책을 읽지 못하고, 놀이에도 흥미를 느끼지 못한다.

자기 조절력의 필요성은 점점 커지는데 부모의 관심은 상대적으로 부족해 보인다. 요즘 부모들은 '안 돼'라는 말에 유독 인색하다. 혹시 아이와의 애착에 문제가 생기지 않을까, 자율성을 해치는 건 아닌가 싶어서다. 지나친 통제도 나쁘지만 애정 과잉 역시 아이에게 좋지 않다. 욕구가 늘 100% 충족되면 아이는 참고 기다릴 필요를 못 느끼게 된다. 결국 아이는 '통제'와 '절제'를 배울 기회를 잃어버리는 셈이다. 의지력 연구의 대가이자 사회 심리학자인 로이 바우마이스터Roy F. Baumeister 교수는 자기 조절력을 키워 주는 것을 주요 양육 목표로 삼아야 한다고 강조한다.

"요즘 부모들은 아이들의 자존감을 높이기 위해 칭찬을 퍼붓는다. 반면 규칙을 세우고 그것을 따르게 하는 등 자기 조절력 향상에는 상대적으로 관심이 적다. 그러나 많은 부모가 간과하는 건 자기 조절력이 높은 사람일수록 자존감이 더 높다는 사실이다. 유년기에 자기 조절력이 높은 아이일수록 나중에 사회적으로 성공하고 안정된 결혼생활을 하며 행복하다는 사실이 여러 연구를 통해 증명됐다."

아이의 자기 조절력은 어떻게 키워질까? 자기 조절력을 키우기 전 무엇보다 중요한 것은 안정적인 애착 형성이다. 생후 1년까지는 무조건적 사랑을 줘야 한다. 아이가 바라보고 웃거나 옹알이를 할 때 적극적으로 반응해 줘야 긍정적 정서와 함께 자기 긍정감이 생긴다. 만 1~3세까지는 아이가 스스로 일어서고 움직이면서 독립된 존재로 자라는 시기다. 대개 18~24개월 이후 본격적인 자기 조절력이 생기는데 아직 자제력과 참을성은 매우 낮은 편이다.

만 2~3세 무렵, 시키는 건 무조건 "싫어", "아니야"라고 말하는 것은 자연스러운 행동이다. 자기 주장, 자기 존재감을 확인하는 것으로 이해하면 된다. 다만 자율성을 어디까지 허용하는 것인가가 관건이다. 너무 제한하면 위축돼 소심해지고, 너무 내버려두면 제멋대로, 버르장머리 없는 아이로 자라게 된다.

만 3~6세는 자기 조절력이 크게 발달하는 시기다. 만 3세부터는 하면 안 되는 행동을 정확히 인식할 수 있다. 특히 이 시기에는 밥

먹을 때 반드시 앉아서 먹는 등 일상 생활습관을 통해 규칙과 규율을 배운다. 중요한 건 훈육의 신속성과 일관성이다. 아이에게 무작정 안 된다고 할 게 아니라 아이의 눈높이에 맞춰 규칙을 알려줘야 한다. 남에게 피해를 주는 행동, 위험한 행동 등은 안된다는 것을 반복 연습하면 아이는 규칙을 내재화할 수 있다.

근육처럼 자기 조절력도 키울 수 있다

전문가들은 자기 조절력을 담당하는 전두엽을 위해선 충분한 잠, 질 높은 식사, 명상, 운동 등이 매우 중요하다고 조언한다. 잠이 부족하거나, 배가 고프거나, 스트레스를 많이 받으면 전전두엽 피질의 기능이 억제돼 충동 조절이 어려워진다. 어려서부터 무리한 선행학습 등으로 과도한 스트레스를 받았을 때 전두엽 발달이 지연될 수 있다. 그뿐 아니라 결정을 내리는 데 전두엽을 필요 이상으로 괴롭히지 않기 위해선 일정한 생활 습관을 들이는 것이 좋다. 예를 들면 아침 7시 알람이 울리면 기지개를 켜고 세수하고 이를 닦으며 잠을 깨고, 옷을 입은 뒤 아침을 먹는다는 규칙을 세우는 것이다. 운동을 규칙적으로 하는 습관이 밴 사람은 운동할 때마다 의지력을 발휘할 필요가 없다. 이것이 바로 '습관의 힘'이다.

매일 같은 일을 반복할 때는 집중하는 데 필요한 시간이 줄어든다. 익숙한 일을 해낼 때는 그 일을 장악하고 있다는 자신감이 있기에 스트레스도 적다. 아이들에게 작지만 꾸준한 일과가 중요한 이유다.

자기 조절력은 우리 몸의 근육처럼 꾸준한 훈련으로 키울 수 있다. 먼저 아이에게 효과적인 자기조절 전략을 알려 주자. 아이가 경험을 통해 마음을 다스리는 방법을 알게 된다면 자기 조절력 역시 길러진다. 마트에서 줄 서는 것을 힘들어하는 아이에게 '기다리기 힘들면 이번 방학에 뭐 하고 놀지 생각해 보자'고 주의를 전환하는 효과적 방법을 알려 준다. 아이를 둘러싼 환경도 중요하다. 눈앞에 게임기를 두고 게임을 참으라고 하는 것은 고문에 가깝다. 아이의 인내심을 방해할 만한 물건은 눈에 띄지 않는 곳에 두는 게 최선이다. 스마트폰을 정해진 시간 외에는 눈에 보이지 않는 곳에 두는 것도 좋은 방법이다.

아이들은 부모의 일상을 보고 배운다. 부모가 종일 스마트폰에 빠져 살아가면서 아이에게 다른 모습을 기대하기는 어렵다. 별일 아닌 일에 분노를 참지 못하는 모습을 보이면 아이 또한 감정조절에 어려움을 겪는다. 아이를 키우면서 부모라는 역할만큼 자기 조절력을 요구하는 일이 없음을 깨닫는다. 삶은 매 순간 자기절제가 필요한 시간의 합인지도 모르겠다.

아이 혹은 세상이 내 맘 같지 않을 때 심호흡 한 번 하고 나를 잘 들여다보자. '지름신'이 강림했을 땐 통장 잔고를 한 번 확인하는 작업을 거치자. 늦은 밤 치맥이 생각난다면 다음 날 부은 얼굴로 후회할 모습을 떠올려보자. 그렇게 자기 나름의 조절력을 길러 나가자. 아이도 그렇게 자기를 다스리는 법을 터득하며 자기 안의 거인을 깨울 것이다.

자기 조절력을 키우는 방법

1. 긍정적인 태도로 애착과 신뢰를 보여 준다.

2. 아이의 감정을 이해하고 표현하도록 도와준다.

3. 지나치게 허용하지도, 억압하지도 않는다.

4. 아이가 스스로 할 수 있도록 도와주고 과정을 칭찬한다.

5. 아이의 안 되는 행동은 단호한 말로 훈육한다.

 아이가 문제 행동을 할 때 어떻게 할까?

1. 마트에 갈 때마다 장난감을 사달라고 떼쓸 때

단호한 말로 훈육하되 정해진 규칙 안에서는 항상 일관되게 말하고 행동한다. 아이가 안쓰럽더라도 부모의 훈육에는 '권위'가 있어야 한다. '권위가 있다'는 건 안 된다고 했을 때 아이가 수긍하거나 태도가 바뀌는 것을 말한다. 만약 다른 사람들의 시선으로 인해 마음이 약해져 이 규칙을 무시하면 아이는 같은 상황에서 늘 떼를 쓰게 된다. 아이들은 엄마의 인내심이 어디까지인지 잘 알고 있어서 화를 내면서도 아이의 요구를 들어주다 보면 떼를 쓰는 강도가 점차 높아진다.

2. 어린이집에 가면서 울 때

어린이집에 갈 때 우는 것은 사랑하는 엄마와 헤어지는 것이 싫기 때문이며, 이는 어쩌면 당연한 과정일 수 있다. 이때 아이는 울음을 통해 나름의 스트레스를 해소하는 것이므로 두려워하지 말고 시간을 차츰 늘려 가면서 낯선 상황에 잘 적응할 수 있도록 도와준다. 엄마와의 애착이 잘 형성되면 엄마가 나를 사랑한다는 믿음으로 잘 견디게 된다. 아이와의 질적인 시간을 통해 애착과 신뢰를 보여 준다.

3. 아이가 잘못된 행동을 했을 때

아이에게 '안 돼'라고 말하기를 두려워하지 않는다. 욕구를 거절당했다고 해서 아이에게 상처가 되는 것은 아니다. 성인은 휴지를 휴지통에 버려야 한다는 것을 스스로 알고 무의식중에도 실천하는데, 이것은 도덕성이 내재화되었기 때문이다. 마찬가지로 안 되는 행동에 대해 명확하게 반복해서 말해야 아이는 자신의 욕구를 제지하는 힘이 생긴다. 물론 부모가 지나친 훈육으로 억압과 제한을 가하면 아이는 무엇이든 참고 자기주장을 하지 못하는 사람이 될 수 있다. 뭐든 지나치면 좋지 않듯 지나친 억압도 마찬가지다.

새로운 성공 방정식,
콘텐츠 크리에이터

　유튜브 보는 게 취미인 아들은 그동안 주야장천 보기만 했지 본인이 유튜버가 될 생각은 전혀 없었다. 그러던 어느 날, 동네 형이 유튜브를 시작한 '사건'이 발생했다. 유튜브는 대단한 사람이 하는 줄 알았는데, 자기랑 매일같이 노는 친한 형이 유튜브에 나오는 걸 보고 아이는 격하게 흥분했다. 곧바로 영상 찍기에 돌입한 아들은 하루에도 몇 개씩 동영상을 찍었다. 영상의 퀄리티 같은 건 신경 안 쓴다. 일단 올리고 본다. 가족들에게 '구독', '좋아요'를 눌러 달라고 강요한다. 매일 한 자리 내로 늘어나는 구독자 수와 조회 수지만 감동한다. 일명 '유튜브 생활자'다. 블로그에 일기를 쓰듯, 부담 없이 콘텐츠를 생산한다.

　아들이 '1인 미디어'로 거듭나는(?) 과정은 '기업가 정신'을 키우는 '키즈 버전'을 보는 듯하다. 구체적인 목표를 정하면 남들이 뭐라 하건 바로 실행에 옮긴다. 결과를 눈으로 지켜보면서 부족한 점을 고쳐 나간다. 나이 마흔이 넘은 엄마는 동영상 하나 올리는 데도 오만 가지 경우의 수를 따지는데, 디지털 원주민인 아들은 단 1초의 주저함도 없다. 이것저것 재지 않고 돌진한다. 다른 크리에이터가 뭘 하든 간에 자기 영상을 찍는다. 조회 수가 어제보다 1이라도 늘었다는 사실에 행복하고 감사함을 느낀다. 내 아들처럼 요즘 아이들은 이미 준비된 크리에이터다.

굳이 냉정해지자면 아들이 올린 콘텐츠가 훗날 수익으로 연결될 가능성은 크지 않다. 그럼에도 이 작업은 과정 자체로 충분한 가치가 있다. 일단 자기 표현력이 길러진다. 아이는 전 세계 어딘가에서 자기 영상을 볼 시청자를 염두에 둔다. 어떻게 자기 이야기를 잘 전달할 수 있을지 고민할 수밖에 없다. 스스로 '모니터링'하고 마음에 안 들면 다시 찍기를 반복하면서 시행착오를 온몸으로 겪는다.

가장 빠르고 효율적인 학습법은 직접 경험하며 스스로 깨치는 것이다. 책을 읽는 데 그치지 않고 글로 쓰면 더 깊은 사색과 성찰을 하게 되는 것과 마찬가지다. 글쓰기 실력은 덤이다.

때때로 "아이가 '먹방'을 찍겠다고 해서 미치겠다"거나 "메이크업 유튜버가 되겠다고 하루 종일 메이크업 동영상만 보는 애를 어쩌면 좋을지"라며 하소연하는 부모들이 있다. 아이가 유튜브, 블로그 같은 건 안 했으면 좋겠다는 마음이 목구멍까지 차오른다. 하지만 디지털 이주민인 부모들이 가진 낡은 성공 공식은 잊는 게 좋다. 디지털 원주민을 잘 길러내기 위해선 새로운 표준을 뇌부터 뼛속 깊이 새겨야 한다. 하루에도 몇 번씩 디지털 성공 방식을 되새김질하며 아이와 함께 커나가야 한다. 디지털 이주민이 미래를 헤쳐가는 길은 디지털 원주민과 함께 배우고 적응하는 것이다. 그래야 아이도 부모도 새 패러다임의 주도권을 잡을 수 있다.

콘텐츠 생산자로 키울 것인가, 소비자로 남게 할 것인가

이제 모두가 1인 미디어가 되는 시대다. 일반인뿐만 아니라 연예인, 정치인, 운동선수, 의사, 변호사 할 것 없이 너도나도 유튜버다. 퇴사 후 치킨집 창업 공식도 저물었다. 매년 교육부가 발표하는 초등학생 희망직업에는 '크리에이터'가 다섯 손가락 안에 들어간다. 유튜브 수익으로 빌딩을 사고 한 달 만에 수억 원의 수입을 올렸다는 유튜버들의 인증은 새로운 '성공 공식'이다.

콘텐츠는 10년, 20년 후에도 자산으로 남는다. 부자들이 "돈이 일하게 하라"고 말하듯 1인 미디어 시대엔 콘텐츠가 일한다. 친척 결혼식장에서 본 아이유 영상을 유튜브에 올렸을 뿐인데 조회 수가 100만이 됐다는 이야기는 새롭지 않다. 콘텐츠로 남기면 자산이 된다. 콘텐츠는 사라지지 않는다. 시간이 지날수록 축적된다. 디지털 세상에서 쉬지도 않고 나를 세일즈 하는 아바타 역할에도 충실하다. 콘텐츠 크리에이터는 유튜브에 영상을 올리는 데 머물지 않고 소통하고, 커뮤니티를 만들고, 끼리끼리 문화를 공유한다. 아주 독특하고 대중적이지 않은 취향으로 팬덤을 형성하고, 하나의 공동체를 이룬다. 이 거대한 디지털 물결은 두 갈래로 갈라진다. 콘텐츠 생산자로서 적극적인 참여자가 될 것인가, 은둔형 콘텐츠 소비자에 머물 것인가.

콘텐츠 창작자는 세상에 메시지를 던지며 살아가는 사람이다. 세상에 던지는 메시지엔 '나'란 사람이 드러날 수밖에 없다. 세상에 1이라도 선한 가치를 더할 수 있어야 사람들 마음을 움직일 수 있다. 그래서 좋은 사람이 돼야 좋은 콘텐츠를 생산해 낼 수 있다. 좋은 콘텐츠를 위해선 자기가 무엇을 좋아하고 잘하는지 꿰뚫어야 한다. 더불어 타깃 독자, 구독자층의 니즈가 어디 있는지 파악하는 감각과 소통하는 공감 능력을 두루 겸비해야 한다. 늘어나는 구독자, 팔로워, 이웃에 대한 책임감도 지녀야 하며, 성실함과 끈기는 기본이다.

디지털 세상에서 소통하는 법도 자연스럽게 배운다. 자기 콘텐츠에 달린 댓글에 하트도 누르고, 대댓글도 단다. 디지털 세상에서의 인간관계는 오프라인과 또 다른 새로운 영역이다. 부모 세대가 오프라인 관계를 중시하는 그 이상으로 디지털 원주민에겐 온라인에서의 관계가 특별하다.

당신은 SNS가 '시간낭비서비스'의 줄임말이라고 여기는 디지털 이주민일지라도 이젠 아이와 함께 배워야 한다. SNS를 자기 삶에 유익하게 쓰는 것도 능력이다. 자기에게 맞는 황금비율을 찾는 연습을 해야 한다. 처음엔 실수도 하고, 정신적으로 피폐해질 수도 있다. 그렇다고 마냥 피할 수도 없는 노릇이다. '언택트' 시대엔 '온택트' 하는 존재로 살아가야 한다.

언택트 시대에 온택트 하며 살아야 한다

디지털 세상은 어른도 수없이 상처받고 자존감이 지하 100층까지 초고속 하강할 수 있는 곳이다. 나만 빼고 세상 사람 전부가 행복에 겨운 삶을 누리는 것 같다. 가뜩이나 주눅 드는데 누군가 내 콘텐츠 밑에 단 악성 댓글은 치명적이다. 아이와 디지털 세상에서 마음을 지키는 법에 대해 종종 이야기하자. 첫째, 조회 수나 구독자, 팔로워, 이웃 숫자에 연연하지 않는다. 둘째, 악플은 가뿐히 즈려밟고 가는 '멘탈갑'이 된다. 셋째, 비교하지 않는 습관을 기른다. 비교하는 건 불행해지고야 말겠다는 굳센 다짐과도 같다. 그 누구의 인생인들 빛나기만 할까. 어떤 순간에도 숫자, 비교로부터 자유로운 영혼이기를 늘 기도한다고 아이에게 말해 주자.

크리에이터라고 하면 거창하고 어렵게 느껴질 수 있다. 그럴수록 가볍게 생각하면 일이 쉬워진다. 이미 아이는 디지털 기기와 동영상에 익숙하다. 동영상을 찍고 올리는 것부터 해 보자. 익숙해지면 간단한 편집 앱을 이용해 직접 편집을 해 보도록 하는 것도 좋다. 평소 아이가 만들기를 좋아한다면 만들기 하는 모습을, 요리를 좋아하면 요리하는 모습을 촬영하면 된다.

마지막으로 마음속에 새겨야 할 건 크리에이터가 아이의 평생 직업이 될 수 있다는 생각을 내려놓는 것이다. 창작 작업을 통해 아이 안에 잠재된 재능과 끼, 창의성을 200퍼센트 발견하고 발현시킨다는 데 의의를 두면 좋겠다.

창작자로 살아가는 기쁨을 아는 아이로 키우자. 하루하루 더 나은 사람이 되고, 더 의미 있는 일상을 보내는 사람, 세상에 자기 목소리를 내고, 메시지를 전달하는 사람이 되는 과정은 그 자체로 멋지다. 결국 크리에이터로 산다는 건 '좋은 사람'이 되는 연습 과정과도 같다.

창작자 마인드로 무장한 아이는 미지의 세계에 나를 기꺼이 드러내고, 불확실성에 도전하고, 그 과정을 즐길 것이다. 디지털 세상에 차곡차곡 쌓인 콘텐츠는 미래에도 사라지지 않을 아이의 자산이다. 아이는 디지털 원주민의 성공 방정식을 개척해 나갈 것이다.

코딩으로
생각하고, 만들고, 해결하라

"코딩은 사고의 범주를 넓혀 더 나은 생각을 할 수 있게 하며, 분야에 상관없이 문제에 대한 새로운 해결책을 생각해 내게 한다."
-빌 게이츠

"모든 사람은 컴퓨터를 프로그래밍하는 법을 배워야 한다. 왜냐하면 그것은 당신에게 생각하는 법을 가르쳐 주기 때문이다."
-스티브 잡스

"만일 여러분이 코드를 짤 수 있게 되면, 여러분은 앉은 자리에서 뭔가를 만들어 낼 힘을 갖게 될 것이다. 결국은 아무도 당신을 막을 수 없을 것이다."
-마크 저커버그

바야흐로 디지털 제국이다. 미국 증시 시가총액 상위 기업들은 구글, 마이크로소프트, 아마존, 페이스북, 애플 등 모두 디지털 기반 회사다. 중국의 온라인 유통기업 알리바바, 플랫폼 텐센트도 가세했다. 이들은 코로나19 이후 더 크게 날아올랐다. 삶의 공간이 디지털로 옮겨가면서 마이크로소프트, 애플, 아마존, 구글 4개 기업의 시가총액은 8천조 원을 넘어섰다. 코로나19가 기업 생태계를 급속히 바꾸면서 우리 정부도 디지털 뉴딜 정책을 내놨다. 디지털 뉴딜은 금융·환경·교통 등 분야별 빅데이터 플랫폼 확대와 5세대 이동통신망 조기 구축, AI 융합 스마트공장 설치 등에 총력을 기울인다는 계획이다. 총 58조 2천억 원을 투입해 일자리 90만 3천 개 창출을 목표로 하고 있다.

금융, 유통, 의료, 신문방송, 교통 등 전 분야에 걸쳐 혁명적 변화가 예상된다. 이미 자율주행차, 드론, 로봇기술, 클라우드 컴퓨터, 가상현실, 인공지능, 사물인터넷 등 첨단 기술은 빠른 속도로 세상을 바꾸고 있다. 불과 10년 전만 해도 월가로 향하던 아이비리그 출신들은 이제 실리콘밸리로 향하고 있다. 일론 머스크도 대학 졸업장 대신 코딩 테스트로 인재를 채용하겠다고 선언했다.

"일하는 데 학위는 필요 없다. 학력 대신 실력을 보겠다."

이 모든 기술을 뒷받침하는 것이 바로 소프트웨어, 코딩이다. 코딩은 쉽게 말하면 컴퓨터가 무엇을 해야 할지 알려 주는 명령문이다. 이 명령문을 모은 것이 컴퓨터 프로그램이라 생각하면 쉽다. 스마트폰, 냉장고, 에어컨, 게임기 등 매일 사용하는 것들이 코딩에 따라 작동한다. 컴퓨터를 내 마음대로 만들고 움직이게 하기 위해선 코딩을 배워야 한다. 즉 코딩 교육은 컴퓨터에 명령하는 법을 배우는 것이다. 미래엔 코딩을 모르면 다른 사람들과 소통이 어려워지는 날이 올지 모른다.

지난 2015년 급작스럽게 메르스 사태가 발생하면서 정부는 병원 공개도 하지 않고 우왕좌왕했다. 그때 프로그래밍 교육단체 '멋쟁이사자처럼'의 이두희 대표는 친구와 함께 '메르스맵'을 만들어 세상을 놀라게 했다. 코로나19 때 '코로나알리미', '마스크 맵'을 만든 대학생들도 '멋쟁이사자처럼' 동아리 출신이다. 이 대표는 "코딩을 할 수 있고 없고는 차원이 다른 게임"이라고 말한다. 다만 최근 초등학교에서 불고 있는 코딩 붐에 대해선 우려를 나타냈다.

"문제의식이 없는 상태에서 코딩을 배우면 가치가 별로 없다. 코딩을 배우기보다 우선 주변을 봐야 한다. 자신이 느낀 문제를 코딩으로 풀 수 있는 상황을 찾고 나서 배우기 시작하면 남들 1년 할 거, 한 달 안에 배우게 된다."

코딩을 배워야 하는 까닭

모두가 코딩 전문가가 될 필요는 없다. 현업에 있는 개발자들은 "이미 코딩 노예는 넘쳐난다."고 입을 모은다. 코딩이야말로 인공지능이 제일 잘할 수 있는 분야라고도 말한다. 그럼에도 코딩 교육을 해야 하는 이유는 함께 살아갈 AI, 컴퓨터의 시스템을 이해하고, 흥미를 느끼는 데 있다. 나아가 아이가 문제해결을 위해 스스로 만들고자 하는 것을 구현해 내는 도구이기 때문이다.

아이들은 코딩을 배우는 과정에서 문제를 발견하고 해결하는 능력, 창의력, 협업 능력을 기를 수도 있다. 실제로 2014년 성균관대학 안성진 교수팀이 진행한 연구조사에 따르면 코딩 교육이 문제해결 능력을 20퍼센트, 논리적 사고력을 37퍼센트, 창의적 사고력을 22퍼센트 증가시킨 것으로 나타났다.

코딩 교육의 목적은 크게 두 가지다. 첫째, 컴퓨터 언어인 코딩을 사용해 프로그램 만드는 법을 배우는 것, 둘째, 정보를 연결하고 융합해 복잡한 문제를 논리적으로 단순화해 해결하는 과정, 즉 컴퓨팅 사고력의 증진이다. 부모가 중점을 둬야 할 부분은 컴퓨팅 사고력이다. 컴퓨팅의 기본 개념과 원리를 기반으로 문제를 효율적으로 해결할 수 있는 사고 체계를 가르치는 것이다. 쉽게 말해 컴퓨터가 어떤 순서와 과정에 따라 이 명령을 인식하고 받아들이는지, 어떤 과정이 가장 효율적이고 빠른지 찾아내는 능력이다. 컴퓨터 언어로 'Hello, world!'를 출력하는 코드를 달달 외워서는 안 된다.

컴퓨터에 명령하기 위해선 모든 단계를 빠짐없이 구체적으로 설명해야 한다. 그래야 목적을 이룰 수 있다. 이러한 단계를 '알고리즘'이라 한다. 알고리즘을 얼마나 잘 만드느냐에 따라 컴퓨터와 효과적인 대화가 결정된다. 쉽게 비유하자면 탕수육을 만드는 모든 단계를 순서대로 구성하는 것이 '알고리즘'이고, '기름을 냄비에 붓는다'와 같은 각각의 명령어가 '코딩'이다. 기름 온도는 얼마이며, 채소를 먼저 다질지, 고기를 먼저 썰지, 무엇을 먼저 볶을지 등 탕

수육을 만드는 방법은 다양하다. 이처럼 내가 원하는 목표를 순서대로 할 수 있게 알고리즘을 짜는 과정에서 창의성과 논리적 사고력이 생겨나고 문제해결 능력을 키우게 된다.

컴퓨팅 사고력을 키우는 것이 핵심

아이에게 처음 코딩을 가르칠 땐 흥미 유발에 초점을 맞춰야 한다. C 언어, 자바 스크립트 등 컴퓨터 언어부터 가르치는 건 아이가 코딩과 멀어지는 지름길이다. 컴퓨터 없이 이뤄지는 '언플러그드 Unplugged 코딩'부터 시작해 보자.

한때 유튜브에서 인기를 끌던 '정확한 설명서 만들기Exact Instructions Challenge'라는 동영상을 보면 이해가 빠르다. 영상에서 아빠는 컴퓨터 역할이다. 아이들이 샌드위치 만드는 법을 적어오는 대로 아빠는 실행한다. 가령 아이들이 '잼 바르기'라고 적으면, 잼 뚜껑을 열지도 않고 빵에 문지른다. 샌드위치는 엉망이 된다. 아이들이 투덜대며 상세히 순서대로 수정해 온다. "잼 뚜껑을 연다. 나이프를 잼 통에 넣는다. 퍼낸다. 빵에 바른다."

아이들이 코딩을 처음 접할 땐 학습용으로 쉽게 나온 '블록형 코딩'으로 시작하는 게 좋다. 가장 대표적인 무료 프로그램으로는 미국 MIT 미디어랩이 개발한 '스크래치scratch.mit.edu'가 있다. 스크래치의 주인공은 '스프라이트'로 불리는 고양이다. 귀여운 고양이 캐릭터를 움직이며 장난감처럼 갖고 놀다 보면 간단한 게임 정도는 뚝딱 만들 수 있다. 스크래치의 가장 큰 장점은 다른 사람이 만들어

놓은 작품(프로젝트)의 소스를 공유할 수 있다는 점이다. 수준 높은 다른 사람의 코딩을 토대로 자신만의 창의적인 작품을 만들 수도 있다.

엔트리(playentry.org/)는 네이버에서 제공하는 '한국판 스크래치'다. 한국형인 만큼 미국에서 만든 스크래치보다 접근하기 쉽고 교재도 다양하다. 또 최신 언어인 만큼 그래픽이 뛰어나고 사용하기 편리하다. 아이들은 다양한 코드를 짜면서 끊임없이 생각한다. 이 과정에서 논리적 사고력과 창의력이 길러진다. 친구들과 서로 머리를 맞대고 고민한다면 소통과 협업 능력도 기를 수 있다. 프로젝트를 완성하고 결과물에 대한 피드백을 공유하면서 더 나은 방법을 찾아내기도 한다.

여기에 하드웨어를 접목하면 흥미 유발뿐 아니라 교육 효과도 높일 수 있다. 직접 만든 프로그램으로 전등을 끄고 켜거나, 자동차의 움직임을 제어하는 것 등이 가능하다. 많이 활용되는 게 '아두이노'와 '라즈베리파이'다. '아두이노'는 마이크로 컨트롤러를 내장한 기기 제어용 기판이다. 컴퓨터 메인보드의 단순 버전이라고 보면 된다. 여기에 다양한 센서나 전등·장난감 등 여러 장치를 연결하고 코딩을 입력해 조작할 수 있다.

'라즈베리파이'는 영국의 라즈베리파이 재단이 학교에서 기초 컴퓨터 과학 교육을 증진시키기 위해 만든 싱글 보드 컴퓨터다. 손바닥만 한 크기로 키보드와 모니터를 연결해 사용한다. 아이들이 컴퓨터 화면을 통해 코딩하는 것보다 집중도가 올라가는 장점이 있다.

기본기를 다진 뒤 중·고등학교 정도에서 자바, C, 파이썬 같은 특정 언어를 본격적으로 배워도 늦지 않다. 코세라Cousera, 칸아카데미Kahn Academy 등 수많은 온라인 과정에서 코딩 언어를 배울 수 있다. 단 자바, 파이선 등 각종 코딩 언어를 단순 암기하는 건 의미가 없다. 서울에서 부산 가는 길이 한 가지가 아니듯, 자기만의 문제해결 능력을 키워야 한다. 아이가 중급 단계를 넘었다면 커뮤니티에 가입하는 것도 추천한다. 깃허브github와 같은 커뮤니티에서는 실무 경력자들이 직접 진행한 프로젝트의 코드를 볼 수 있다. 글을 잘 쓰기 위해 좋은 글을 읽어야 하듯, 좋은 코드를 쓰기 위해서는 고수들의 코드를 꾸준히 접해야 한다.

다른 나라의 코딩 교육

코딩 교육 유행은 미국이 주도했다. 2013년 설립한 미국의 비영리단체 '코드닷오알지(code.org)'는 무료 온라인 코딩 교육과정을 만들어 대대적인 홍보에 나섰다. 이 단체는 소프트웨어 교육의 기회가 인종·성별에 따라 편중되어 있다고 보았다. 누구에게나 코딩과 컴퓨터 공학을 배울 기회를 제공해야 한다고 주장했다. 마이크로소프트·구글·페이스북과 같은 많은 거대 IT 기업이 이 단체를 후원하고 오바마 전 대통령도 적극적으로 나섰다.

법인세율 '제로[0]' 정책 덕분에 '스타트업의 성지'로 불리는 에스토니아는 코딩 교육에서 선두 주자다. 코딩은커녕 인터넷이라는 개념조차 생소하던 1992년부터 학교에서 코딩을 가르치기 시작했다. 2012년부터 소프트웨어를 별도 교과목으로 선정하고 학년별 맞춤 커리큘럼을 도입했다. 이에 따라 모든 학교가 로보틱스, 코딩,

모바일 앱, 3D 설계, 멀티미디어 등 총 5개 분야 중 4개를 선택해 수업을 제공하고 있다. 에스토니아에서는 초등학교 1학년 때부터 코딩을 배우고 일부는 유치원 때부터 로봇을 이용해 코딩 교육을 받는다.

인도 역시 IT 인재가 주목을 받으며 2010년부터 소프트웨어 교육을 초·중·고 필수과목으로 지정했다. 순다 피차이 구글 CEO, 사티아 나델라 마이크로소프트 CEO 모두 인도인이다. 인도에서는 고등학교 때 C++, 자바 스크립트 등 주요 코딩 언어를 학습한다. 미국에서는 페이스북과 마이크로소프트 등 IT 기업에 전폭적인 지원을 한다. 빌 게이츠 창업주와 마크 저커버그 창업주는 1천만 달러(약 107억 원)를 들여 코딩 교육용 웹사이트 '코드닷오알지(code.org)'를 만들었다. 애플 역시 시카고교육청과 손잡고 학생들의 코딩 공부를 지원하는 등 코딩 인재 양성을 위해 노력하고 있다.

영국은 2014년을 '코드의 해'로 정하고 공교육 과정에 코딩을 포함시켰다. 5세부터 16세까지 코딩을 배운다. 학생이 코딩에 흥미를 붙일 수 있도록 놀이를 통해 기본 개념을 익히는 것으로 시작해 점점 수준을 높인다. 핀란드에서는 2016년 코딩 교육이 의무화됐다. 1~2학년 때에는 논리적으로 생각하는 방법, 명령을 정확하게 전달하는 방법 등 기초를 쌓고 3~6학년 때에는 컴퓨터를 이용해 코딩을 본격적으로 배운다. 우리나라 중학생에 해당하는 7~9학년 때에는 스스로 알고리즘을 짜서 프로그램을 만들 수 있도록 프로그래밍 언어를 최소 1개 이상 마스터한다.(출처: 매경이코노미, '앞서가는 코딩 선진국들')

머지않아 AI가 인간과는 비교할 수 없는 빠른 속도로 더 훌륭한 결과물을 만드는 날이 올 것이다. 그럼에도 코딩 교육이 중요한 것은 배움의 목적이 결과물이 아닌 과정에 있기 때문이다. "창의성을 어떻게 구현할 것인가." 바로 이 점이 AI와 인간의 차별점이다. 마윈 알리바바그룹 회장은 "미래 30년은 인터넷 기업의 천하가 아니라 인터넷 기술을 잘 활용하는 나라와 회사 그리고 젊은이들의 천하가 될 것"이라고 말했다.

부모인 우리도 늦지 않았다. 아이와 함께 코딩의 세계를 탐닉해보자. AI와 함께할 미래, 그들의 언어를 모르고 살아가는 건 축구선수가 규칙을 모르고 시합하는 것과 다를 바 없지 않겠는가.

 부모를 위한 무료 코딩 강의

코드닷오알지(Code.org)
미국의 코딩 교육 비영리단체다. 유아기 아이부터 청소년, 성인까지 코딩의 기초 원리를 무료로 배울 수 있다. 4세부터 18세까지 연령별로 4단계 학습으로 구성돼 체계적으로 코딩을 배울 수 있다. 또 마인 크래프트와 같이 아이들이 좋아하는 게임으로 미션을 수행하면서 코딩을 재미있게 배울 수도 있다. 인터넷 강의는 한국어로 번역된다.

생활코딩(opentutorials.org)
생활코딩은 코딩 강의 동영상 등 다양한 콘텐츠를 제공한다. 유튜브에도 많은 영상이 올라와 있다. 생활코딩은 웹 서비스 만들기부터 언어·클라이언트·서버·개발 도구·프로젝트 관리까지 다양한 콘텐츠로 채워져 있다. 드림코드(www.dreamcode.co.kr) 역시 생활코딩과 비슷한 성격이다.

칸아카데미(www.khanacademy.org)

칸아카데미 컴퓨터 프로그래밍 커리큘럼은 코딩을 배울 수 있는 유용한 사이트다. 동영상 시연 강의를 먼저 보고 직접 실습해 볼 수 있다. 2006년 살만 칸 칸아카데미 대표가 만든 비영리 교육 서비스다. 코딩 커리큘럼 외에도 초·중·고교 수준의 수학·화학·물리학부터 컴퓨터공학·금융·역사·예술까지 수천 개의 동영상 강의를 제공한다.

인공지능과 맞설 무기는
비판적 사고다

모든 정보가 손바닥 안에 들어오면서 우리 뇌는 깊이 사유하는 힘을 잃어가고 있다. SNS에 몇 글자, 길어야 몇 줄짜리 글을 올리고, 긴 글 읽기를 점차 귀찮게 여긴다. 문제는 AI가 제시하는 콘텐츠의 질이다. 누구나 콘텐츠를 생산하는 시대다. 가짜 뉴스의 수법은 점차 교묘해지고 있다. AI는 데이터를 기반으로 학습한 결과를 내놓는 알고리즘에 불과하다. AI는 정보가 옳은지 그른지 판단하는 능력이 없다. 정보 출처가 믿을 만한지 아닌지도 구별하지 못한다. 그럴듯해 보이는 정보 홍수 속에서 길을 잃기 쉽다. 비판적 사고 훈련이 필요한 이유다.

더군다나 플랫폼 알고리즘은 개인의 취향, 성향 등을 파악해 입맛에 맞는 정보 위주로 제시한다. 이른바 '필터버블filter bubble' 현상이다. AI는 나와 같은 견해를 가진 사람들만 친구 추천을 한다.

뉴스도 내가 클릭한 것과 유사한 뉴스만 골라 보여 준다.

유튜브에 들어가면 '친절한 알고리즘씨'가 내가 그동안 즐겨봤던 것을 근거로 비슷한 내용의 콘텐츠를 보여 준다. 정보가 넘쳐나는 것 같지만 사실은 자기 생각과 같은 정보만 편식하게 된다. 확증편향이 커질 수밖에 없다. 깊이 사고하지 못하고 쉽게 선동당한다. 콘텐츠는 갈수록 무궁무진해지는데 아이러니하게도 다양성과는 멀어진다. 정신 차리지 않으면 내 생각마저 AI가 지배한다.

어디 그뿐인가. 인간의 마지막 영역이라던 문화예술계마저 AI 논쟁으로 뜨겁다. 'AI 미술가', 'AI 화가'의 작품이 고가에 팔리고, 'AI 시인'의 시는 문학상 후보에 오르며, 'AI 작곡가'의 음악을 즐기는 이들이 늘어난다. 국내외에서 'AI 아트' 전시회가 열리고, 갤러리와 경매를 통해 작품 거래가 이뤄진다. 더 나아가 서로 다른 장르인 음악과 미술, 그리고 문학을 융합할 수 있다. AI는 BTS를 들으며 팝아트를 할 수도 있고, 르누아르를 학습하며 영감을 얻어 서정시를 쓸 수도 있다. 시대의 흐름에 이미 문화예술시장의 한 축을 형성한 AI 작품은 예술의 본질, 인간이란 무엇인가, 같은 근원적 질문을 우리에게 던진다.

일각에선 인공지능이 제아무리 진화한다 해도 모방과 조합, 이른바 '짜깁기'라고 한다. 그렇지만 현재 기술 발달 속도에 비춰볼 때 창작 영역에서도 AI와의 협업은 불가피하다. 그럼 'AI 예술가'와 차별성을 둘 수 있는 인간만의 필살기가 있을까. 알파고가 이세돌 9단에게 이겼을 때만 해도, 인공지능은 개와 고양이를 구별하지 못했다. 그러다 소셜미디어 열풍과 함께 SNS에 개 사진이 수천만 장

쌓이면서 개와 고양이를 구별하게 되었다. 인공지능이 데이터를 통해 인식을 확장한다면 인간은 데이터를 비판적으로 받아들이면서 기존과 다른 데이터를 만들어 간다. 이것이 인공지능과 인간 지성의 차이다.

미래를 결정하는 건 생각이다

비판적 사고는 쉽게 말해 상황이나 말, 지식, 정보 등을 무조건 받아들이지 않고 따져 보는 것이다. 합리적으로 의심하고 비판적으로 바라볼 때 기존의 상식과 다른 새로운 게 탄생한다. 데이터를 수동적으로 받아들이기만 하면 인간 고유의 창의성마저 인공지능 차지가 될 것이다. 그러나 AI가 창조하는 예술품에 대해 의문을 품고, 다르게 생각하는 힘이 있는 한, '인간 예술가'는 입지를 잃지 않을 것이다. 사진기가 나왔다 해서 그림이 없어진 게 아니듯 말이다.

비판적 사고는 자신과 다른 생각에 대해 자기 의견을 제시하고, 소통하고, 교류하는 과정이다. 따라서 비판적 사고는 자기 생각을 검토하고 의심하는 반성적 자세, 그리고 비판을 수용하고 자기 의견을 수정, 보완하는 열린 태도까지 포함한다. 흔히 비판적 사고는 삐딱하고 까칠한 태도라고 여기지만 사실 그 반대다.

비판적 사고는 내가 알고 있는 어떤 지식과 신념도 완벽하지 않으며 언제라도 더 나은 지식으로 대체될 수 있음을 받아들이는 겸허한 태도를 말한다. 소크라테스의 '너 자신을 알라'라는 가르침은 비판적 사고의 핵심이다. 자신의 무지를 깨달아야만 다양한 지식과 의견을 받아들여 진리에 다가설 수 있다.

쇼펜하우어는 말한다. "생각하는 사람은 생각하지 않는 군중과 거리를 두어야 하고 오직 자기 생각에 따라 행동해야 한다." 우리 삶, 미래를 결정하는 건 생각이다. 독립적인 삶을 위해선 비판적 사고가 있어야 한다. 비판적 사고를 하는 이들은 끊임없이 질문한다. '지금 생각이 진짜 나의 생각인가? 아무 생각 없이 당연하게 받아들인 것은 아닌가? 다른 의견은 없을까? 그 의견에 대해 나는 어떻게 반박할 수 있을까?' 계속된 자문자답을 통해 생각의 주인이 된다. 독립적으로 관찰하고, 비판적으로 바라본다. 4년제 대학 졸업 후 대기업이나 공무원 시험에 몰리는 집단 무의식에 빠지지 않는다. 자기만의 열정을 찾고 불을 지핀다.

교육 선진국 핀란드는 '비판적이고 독립적인 시민 양성'을 교육 목표로 한다. 개개인이 '생각하는 존재'가 되도록 가르치는 데 초점을 맞춘다. 모든 시험은 서술형이다. 수학시험 시간에 계산기는 물론, 공식도 주어진다. 계산, 공식 암기가 아니라 수학적 사고를 시험하기 때문이다. 1980년 후반부터 핀란드는 '지식이란 무엇인가', '학생은 어떻게 배워야 하는가'와 같은 주제를 고민했다. 그리고 결론 내렸다. 아이들에게 최대한의 '자유'를 주면 비판적 사고력과 문제해결력, 창의성이 키워진다고 말이다. 당시 마이너스 경제성장률, 급증하는 실업률을 핀란드는 '생각 교육'으로 타개책을 마련했다. 주입식 교육으로는 '비판적, 독립적 시민'을 기를 수 없다.

프랑스에서는 가장 존경받는 직업 가운데 하나가 고등학교 철학 교사다. 그만큼 철학적 사유를 중시한다. 프랑스 고교 졸업시험인

바칼로레아를 치른 날이면 카페에 사람들이 붐빈다. 그해 바칼로레아 철학 시험문제가 언론에 공개되면 사람들이 모여 토론을 벌이기 때문이다. '권리를 수호한다는 것과 이익을 옹호한다는 것은 같은 뜻인가?', '우리는 과학적으로 증명된 것만을 진리로 받아들여야 하는가?' 정답은 없다. 비판적, 창의적 생각을 자기만의 논리로 잘 전개할수록 높은 점수를 받는다. 이들은 어려서부터 친구들과 토론하고 글쓰기를 하며 생각하는 훈련을 한다.

하버드대학보다 들어가기 어렵다고 알려진 미네르바스쿨에선 처음 1년간 학생 전체가 같은 수업을 받는다. '비판적으로 생각한다', '상상력을 발휘해 생각한다'는 두 가지 개인 스킬과 '원만한 커뮤니케이션', '인터랙션(상호교류)'이라는 두 가지 대인 스킬 등 총 네 가지 강의를 듣는다. '미국은 세계에서 최강의 나라다', '비타민C는 감기에 좋다'와 같은 일반적 주장이 정말 타당한지 이론적으로 생각하고, 데이터를 활용해 검증한다. 이를 통해 설득력 있는 논리를 조직하는 훈련을 한다. 학교 설립자 넬슨은 이 과정을 '뇌 수술'이라고 부른다. 비판적 사고력을 기르는 과정이다.

생각 근육을 단련하는 다섯 가지 방법

생각하는 것도 연습이고, 훈련이다. 그렇게 습관이 된다. 야구나 축구 연습하듯, 아이와 함께 생각 훈련을 해 보자. 미국의 비영리단체 '비판적 사고 재단Foundation for critical Thinking'은 비판적 사고력을 키우기 위해 다섯 가지 방법을 제안한다.

첫째, 아이들이 내용을 완전히 이해 못 했을 땐 구체적인 예를 들어 설명해 주거나 함께 검색하며 알아본다. 비판적 사고의 첫걸음은 정보에 대한 정확한 이해다. 아이에게 잘 모를 때는 질문해야 한다는 사실을 강조한다. 모르면서 아는 척하고 넘어가는 것만큼 어리석은 게 없다. 다음 단계로 넘어가질 못한다.

둘째, 정보의 진짜, 가짜 여부를 확인하는 습관을 길러 준다. "이게 정말일까? 다른 곳도 같은 내용을 말하고 있을까?" 인터넷 검색부터 책, 신문, 잡지 등 다양한 수단을 통해 정보를 객관적으로 검증하는 능력을 길러 줘야 한다.

셋째, 아이와 이야기를 나눌 땐 아이가 주제나 논점에서 크게 벗어나지 않도록 지도한다. 아이가 너무 먼 주제로 빠지려고 할 때 적절한 질문을 던진다. 꼬리에 꼬리를 문 질문을 이어가는 것도 좋은 방법이다. 스스로 답을 생각하면서 아이는 사고력을 키운다.

넷째, 아이가 자기주장을 논리적으로 말할 수 있도록 돕는다. 주장을 이야기하면 "왜 그렇게 생각했어?"라고 물어보며 스스로 근거를 찾도록 한다. 자기주장에 대한 근거를 말하는 습관을 들이면 논리적 사고가 만들어진다. 아이가 댄 근거가 합당한지, 그렇지 않다면 왜 그런지 이야기를 나눠 본다.

마지막으로 아이가 상대 입장에 서서 자기 의견을 비판하도록 지도한다. 그래야 상대 논리에 반박하는 자기만의 논리를 세울 수 있다. 오직 자기 생각과 주장만 일방적으로 내세우는 게 비판적 사고가 아니다. 다른 생각과 의견을 겸허히 받아들이고, 자기 생각을 만들어 가는 과정이 중요하다.

"교육은 거짓에서 참을 분간하고 허위에서 사실을 판별할 수 있도록 근거를 거르고 따져볼 수 있는 능력을 길러 주어야 한다."

　노벨평화상을 받은 미국의 인권운동가 마틴 루터킹 주니어의 말이다. 그 어떤 것도 그냥 받아들이지 않고, 자기만의 관점과 세계관을 가져야 한다. 합리적으로 의심하고 비판하는 능력만이 '인간의 왕좌'를 지켜 줄 수 있다. 우리 교육도, 시험 방식도 바뀔 수밖에 없다. 시대 흐름이고, 시간문제다. 생각할 필요가 점점 없어지는 디지털 세상에서 AI와 차별화할 수 있는 유일한 무기가 '생각'이다. 생각 공부가 중요하다. 생각 근육을 길러 주자.

하루 15분 대화로
아이의 자기 표현력을 키운다

백종원만큼 요리 잘하는 사람은 많다. 그러나 그만큼 입담 좋은 요리 예술가는 없다. 유희열만큼 노래, 작곡을 잘하는 가수는 많다. 그런데 그처럼 자기 색을 갖고 편안하게, 그것도 능수능란하게 프로그램을 진행하는 가수는 드물다. 말없이 살 수 없는 세상에서 말을 잘한다는 건 기본을 깔고 시작하는 셈이다. 1인 미디어 시대에 차별화된 콘텐츠, 그걸 효과적으로 전달하는 능력이 관건이다. 그 어떤 대박 콘텐츠도 횡설수설하면 묻힌다. 살리는 힘이 바로 말하기다.

앞으로 과묵한 사람은 성공하기 힘들다. 영원히 안정적인 직업도, 산업군도 없기 때문이다. 산업과 시장은 계속해서 변화가 닥친다. 대기업에 입사해도 주력 사업과 제품이 계속 변한다. 인사팀, 영업팀 이렇게 한 업무만 담당하거나 한 부서에서만 근무하는 건

거의 불가능하다. 평생직장이란 개념도 사라졌다. 이미 능력 있는 인재는 수시로 직장을 옮겨 다닌다. 내가 딛고 있는 바닥은 마치 빙하와 같다. 다음에 발 디딜 자리를 항상 염두에 두어야 한다. 슬기로운 미래 교육은 이런 환경에서 행복하게 살아갈 역량을 길러 주는 것이다.

그중 가장 기본적인 능력이 자기 표현력이다. 과거에는 명문대 졸업장과 성실함, 조직에 대한 충성심이 있으면 조직이 알아서 인재를 키웠다. 자기주장을 적극적으로 내세우기보다 묵묵히 시키는 일을 잘 해내는 인재를 선호했다. 그러나 과묵함은 이제 미덕이 아니다. 자기 능력을 상대에게 입증하고, 이해시켜야 한다.

새로운 기회를 스스로 만들어야 한다. 명문대 졸업장과 학점, 영어 점수는 영원한 성공 입장권이 아니다. 자신을 능동적으로 '어필'하지 않으면 그 누구도 찾지 않을 것이다.

학교 수업이 토론 중심으로 바뀐다

"제가 말을 못 해서"라고 말하는 사람이 많다. 말을 잘 못 하는 가장 큰 이유는 생각 정리가 안 됐기 때문이다. 옷장 정리가 되지 않으면 어디서 뭘 꺼내 입어야 할지 모르는 것처럼 말도 마찬가지다. 생각이 차곡차곡 정리돼 있지 않으면 말의 앞뒤가 맞지 않는다. 무슨 말을 하는지 알기 어렵다.

말 잘하는 사람은 전달하고자 하는 주제를 명확히 하고, 근거와 이유를 생각한다. A로 시작해서 B, C를 이야기했으면 다시 A로 돌아온다. 논리적이지 않은 사람은 말이 무의식의 흐름대로 간다. A

로 시작해서 B, D, K로 갔다가 F로 끝난다. 말하기 스킬이 아닌 사고력 부재가 문제다.

토론은 말하기 능력과 논리적 사고력을 동시에 잡는 확실한 훈련 도구다. 그뿐 아니라 미래 역량으로 꼽히는 소통과 협업, 융합, 인성, 자기주도학습 능력까지도 키울 수 있다. 이미 대학원이나 기업은 면접 때 토론을 필수항목으로 넣는다. 생각하는 힘과 융합, 소통 능력이 점차 중요해지면서 학교 수업도 주입식에서 토론 중심으로 바뀔 전망이다. 시대 흐름에 맞춰 사교육 시장도 토론 바람이 거세다. 대치동을 중심으로 전국에서 유대인 전통 학습법인 '하브루타 학원'이 성행 중이다. 서점가도 '하브루타'에 대한 관심이 높다. 전작 『부모라면 놓쳐서는 안 될 유대인 교육법』을 쓰고 나서 하브루타에 관한 책을 써달라는 출판사의 요청이 잇따랐다. 이러한 열기에는 이유가 있다.

하버드대학이 '최고의 기숙학교'를 뽑은 적이 있다. 쟁쟁한 기숙학교 가운데 1위를 차지한 곳은 필립스 엑시터 아카데미였다. 마크 저커버그가 졸업한 곳으로도 유명한 이곳의 경쟁력은 바로 '하크네스 테이블'이다. '하크네스'는 필립스 엑시터 아카데미 교실 한가운데 있는 원형 탁자다. 이곳에선 과학이나 음악 수업도 토론식으로 이뤄진다. 따라서 예습 없이는 하기 힘들다. 예습은 단순히 개념이나 공식을 보고 가는 정도가 아니다. 수업 전에 스스로 할 수 있는 최대의 공부를 하는 것이다. 들어가기도 힘들지만 졸업하는 게 더 힘들다. 수업은 이미 공부한 내용을 친구들과 토론하면서 배움을 나누는 시간이다. 이들은 4년 동안 단순히 말 잘하는 연습뿐 아니라 스스로 배우는 힘을 기른다.

4차 산업혁명 시대, 복잡하고 어려운 문제를 해결하기 위해선 '메디치 효과medici effect'가 필요하다. 전혀 다른 분야를 교차, 융합해 창조와 혁신의 빅뱅이 일어나는 현상을 메디치 효과라 한다. 15세기 메디치 가문은 피렌체의 영향력 있는 가문으로 수많은 과학자, 조각가, 화가, 시인, 철학자를 후원했다. 이 때문에 피렌체엔 당대의 걸출한 인물들이 한곳에 모였다. 서로의 벽을 허물고 밤낮 가리지 않고 토론의 꽃을 피웠다. 당시 피렌체는 역사상 가장 폭발적인 창조의 중심지가 되었고, 여기서부터 르네상스 시대가 열렸다. 건강한 토론은 다양한 지식과 경험, 기술을 가진 사람들이 융합할 수 있는 장을 마련한다.

토론은 생각의 지평을 넓힌다. 잘 알려졌다시피 힐러리 클린턴은 중학교 시절 열렬한 공화당 지지자였다. 그녀의 운명이 바뀐 것은 학창 시절 단 한 번의 토론 대회였다. 1964년 미국 대통령 선거 당시 정치 교사였던 베이커 선생님은 힐러리에게 민주당 대통령 후보 편에서 토론해 보라고 권했다. 당시 민주당을 지지했던 앨런에게는 공화당 지지 토론을 맡겼다. 힐러리 자서전을 보면 힐러리는 토론이 있기 전부터 공화당에서 민주당으로 마음이 기울었다. 상대편 입장에 서보기 전엔 절대 이해할 수 없던 게 가슴으로 전해진 것이다. 상대방의 논리에 반박하다 보면 평면적인 생각이 입체적으로 완성된다.

토론은 일상 속에서 내 목소리를 독자적으로 내는 힘을 길러 준다. 프랑스 사람들은 대화를 통해 자기 생각을 표현하는 데 적극적이다. 어린 학생들이 정부 정책에 반대하기 위해 피켓을 들고 거리에 나가는 모습이 전혀 특이하지 않은 나라다. 이들은 어릴 때부터 학교에서 일어나는 문제에 대해 발언권을 갖고 자유롭게 표출한다. 자기주장이 있다는 건 생각이 늘 깨어 있다는 것이다. 그래야 좋은 게 좋은 거란 기존 사고나 틀, 전통, 관습, 타인의 기대에서 벗어날 수 있다. 편견이나 부당한 대우로부터 나를 지키는 건 생각과 말이다. 자기만의 생각, 그걸 표현할 수 있어야 '나답게' 살 수 있다.

토론의 달인 세종대왕의 토론법

남다른 리더십으로 위대한 업적을 남긴 세종대왕 역시 토론의 달인이었다. 세종의 경청화법을 토론할 때 참고해 보자.

우선 '짐은 잘 모른다'로 시작한다. 공부가 취미인 세종이 먼저 자신은 아는 것이 없으니 가르침을 달라 손을 내민다. 상대 의견을 듣기 위해 멍석을 깔아 주는 것이다. 장자는 「지북유」편에서 이렇게 말했다. "아는 사람은 말하지 않으며 말하는 사람은 알지 못한다." 말을 더하는 능력보다 빼는 능력에서 다양한 의견이 나온다. 토론할 때도 다양한 의견을 듣고, 배우겠다는 마음을 열 때 의미 있는 토론이 가능해진다.

2단계는 '경청'의 자세다. '경의 의견은 어떠한가.' 다양한 의견을 수용할 때 전혀 다른 해법이 나온다. 다른 이의 이야기를 들으면 결국 자신에게 득이 된다. 독일 철학자 게오르크 헤겔Georg Hegel은

"마음의 문을 여는 손잡이는 마음의 안쪽에만 달려 있다"라고 했다. 경청은 상대방이 마음을 스스로 열게 하는 열쇠다.

3단계는 칭찬의 힘이다. 상대방 말에 "경이롭도다"라고 맞장구를 쳐 준다. 토론이 감정싸움으로 번지지 않기 위한 특효약이다. 상대를 존중하면 그대로 돌아온다. 토론에서 지고 이기는 그 자체는 의미가 없다. 토론은 문제에 대한 가장 좋은 결론, 해법을 도출하기 위한 수단이기 때문이다. 궁극적으론 사람의 마음을 설득하고 움직여야 한다. 토론이 끝나면 서로 최선을 다해 준 상대방과 악수하며, 웃을 수 있어야 한다.

부모와 나누는 대화에서 큰 영향을 받는다

많은 부모가 고민한다. 토론이 좋다는 건 알겠는데, 대체 어떻게 가르쳐야 할지 막막하다. 불안하니 학원이라도 보내야 할 것 같다. 물론 도움이 될 수 있지만 일주일에 한두 번 학원에 가는 것으로 마법과 같은 기적은 일어나지 않는다. 근원적 처방이 아니다.

아이의 언어습관은 부모와의 대화에서 가장 큰 영향을 받는다. 하루 15분만 아이와의 대화에 투자한다고 생각하자. 찬반 논쟁만이 토론이 아니다. 일상에서의 토의와 문답, 대화 모두 넓은 범위의 토론이다. 처음부터 어렵게 생각하면 시작조차 하지 못한다. 처음엔 매일 조금씩 습관을 만드는 게 중요하다.

모 프로그램에서 미국 유대인 가정의 식사 시간을 보여 준 적이 있다. 이런 식이다.

아빠: 아마존에 불이 났다는 소식 들었니?

아들: 아마존이 우리가 숨 쉬는 산소의 3분의 1을 만든다고 들었어요.

아빠: 맞아. 우리가 숨 쉬는 산소의 약 20퍼센트가 아마존에서 나오는 거니까 아주 큰 사건이지?

아들: 얼마나 많이 탔어요?

엄마: 정확히는 모르겠지만 우주에서도 아마존에서 난 화재가 보인대.

아들: 우선 대통령에게 이 문제에 관해 이야기해야겠어요.

엄마: 대통령을 만나면 뭐라고 이야기할 건데?

아들: 아마존 화재가 지속되면 우리를 포함한 지구 전체가 위험에 빠질 수 있어요. 지금 당장 행동하지 않으면 우리 미래는 망가질 거예요.

엄마: 좋아. 엄마가 대통령이 되어 볼게. "내가 고용한 과학자들의 말에 따르면 네가 말하는 지구 환경의 변화는 일어나지 않는다는구나. 이건 지구가 미래로 나아가기 위한 과정 일부일 뿐이야." 이렇게 말한다면 어떻게 할래?

아들: 우선 그 과학자들은 어디서 채용하셨나요? 그리고 지구의 급격한 기후변화에 대해서는 어떻게 설명하실 건가요? 며칠 전에는 105F였는데 다시 60F가 됐어요. 그리고 일부 지역에서는 눈도 내려요.

엄마: 실제로 날씨 변화가 일어난다는 증거를 말하는 거구나.

아들: 네. 예전에는 이런 일이 일어나지 않았으니까요.

아빠: 너도 알다시피 브라질에서 일어난 일이라고 해서 남의 일이라고 생각해선 안 돼. 이건 우리 모두의 문제니까 말이야.

아들: 그런 내용이 어디 적혀 있나요? 만약 지구 전체를 위협하는
　　　일이 생긴다면 다른 나라가 참견할 수 있는 조약이 있나요?
엄마: 미국은 여러 나라와 그런 조약을 맺었지만 현 정부가 그걸 잘
　　　지키고 있지는 않아. 하지만 정말 좋은 질문이었단다.

유대인은 집에서 끊임없이 질문하고 토론한다. 학교에서도 마찬
가지다. 학생들에게 주제를 던져 주고 서로 질문하고 토론하는 방
식이다. 질문에 답을 하는 과정에서 단지 생각하는 것만으로도 생
각이 넓어진다. 나아가 틀에서 벗어난 사고를 하게 된다. 하루 15
분, 아이와 대화를 나눈다고 생각하고 질문하자. "오늘 숙제했어?",
"게임 좀 줄여야 하지 않아?" 이런 일방적 지시나 잔소리, 훈계는
아이의 입을 막는다. 토론 근력을 키우기 위해선 열린 질문을 해야
한다. "어떻게 생각하니? 왜 그렇게 생각해? 그건 뭘 의미하는 걸
까? 더 넓게 생각해 보자. 어떻게 해결하면 좋을까?".

1만 시간 법칙이 있다. 일반인이 '생활의 달인'이 되는 데는 최소
1만 시간의 노력이 필요하다. 토론도 마찬가지다. 아이가 토론 연
습을 한다고 느끼지 못할 정도로 일상에서 자연스럽게 토론을 경험
하게 하자. 뭐든 내적 동기가 있으면 실력이 빨리 는다. 토론도 잘
하고 싶다는 의지가 있으면 일취월장할 수 있다. 부모 역할은 아이
가 생각할 수 있도록 질문하고, 잘 들어주면서 동기 부여해 주는 것
으로 충분하다. 토론의 형식과 절차는 차츰 익히면 된다. 그렇게 1
만 시간을 향해 가면 토론의 달인이 된다. 하루 15분, 승패는 꾸준

함에 달려 있다.

단 이것만은 반드시 알려 주자. 대화, 토론에서 가장 치명적인 실수가 내 말만 늘어놓는 것이다. 상대방 말을 끝까지 안 듣고 끊어버리는 것. 그러고선 자기가 말을 잘한다고 착각한다. 노래방에서 마이크 안 놓는 사람이 있으면 분위기도 싸하고 재미없다.

누구나 자기 이야기를 들어주는 사람을 좋아한다. 토론에서도 열려 있어야 한다. 다름은 틀린 게 아니다. 공자는 제자들이 자기 의견에 "네", "맞습니다." 답하는 걸 좋아하지 않았다. 다른 의견과 반론이 있어야 배울 수 있다고 생각했기 때문이다. 다른 걸 받아들일 때 성장한다.

토론할 때 상대에 대한 태도 역시 중요하다. 토론할 땐 상대의 지적을 수용하고 존중해야 함을 일깨워 줘야 한다. 상대 의견에 반박할 땐 "좋은 의견입니다.", "저도 그 부분은 인정합니다"로 시작해야 함을 가르쳐 주자. 토론이 한층 매끄럽게 진행된다.

토론은 관계다. 말싸움으로 상대를 무찌르는 게 아니다. 상대를 설득해 합의점, 좋은 결론을 이끌어가는 과정이다. 토론을 잘하고도 사람들의 마음을 얻지 못하면 토론을 잘했다고 보기 힘들다. 사람을 잃으면 전부를 잃는 것이다.

토론을 즐기면 삶이 배움의 장이 된다. 삶이 즐거워진다. 언제, 누구를 만나도 대화를 나누며 지적 유희를 만끽할 수 있다. 더불어 성장한다. 질문하고 답하면서 생각 근육을 튼튼히 만든다. 자기 생각을 자신 있게 표현하면서 누가 뭐래도 '마이 웨이'를 갈 수 있는 용기가 생긴다. 나다움을 잃지 않는다. 각자의 개성 뚜렷한 생각이 만나 불꽃 튀는 토론을 벌일 때 창조적 혁신이 피어오른다. 스티브 잡스가 말했다. "토론 없이 혁신은 불가능하다." 오늘부터 식탁을 토론의 장으로 만들어 보자. 우리 집 문제부터 토론으로 풀어나가 보자. 집에서부터 혁신을 이뤄 보자. 아이는 분명 자기 목소리를 세상에 내게 될 것이다. 세상의 문제를 함께 풀어갈 것이다. 삶의 순간순간을 배움으로 즐기며 더불어 성장해 나갈 것이다.

'읽는 뇌'는
평생 삶의 무기가 된다

언어를 읽고 해석하는 능력을 높일수록 뇌가 발달한다. 뇌과학자 정재승 KAIST 교수는 '읽기의 힘'에 대해 이렇게 극찬했다. "독서가 뇌에 가장 훌륭한 음식인 이유는 풍성한 자극원이기 때문이다." 글을 읽는 순간, 글자를 이해하는 측두엽과 상황을 파악하는 전두엽, 감정을 느끼는 변연계 등 뇌의 모든 부위가 활성화된다. 매리언 울프Maryanne Wolf는 『책 읽는 뇌』를 펴낸 10년 뒤 『다시, 책으로』에서 뇌의 퇴화를 경고했다.

"읽는 뇌의 회로 안에는 은하수의 별들만큼이나 많은 연결이 있다. 단어 하나를 읽을 때마다 수천, 수만 개의 뉴런(뇌 신경 세포)이 활성화된다. 그런데 글을 읽는 시간이 줄어들면서 우리의 비판적 분석력과 독립적 판단력이 감퇴하기 시작했다."

동영상은 강렬하다. 아이들이 유튜브에 눈이 가는 건 본능이다. 실제로 우리 인간의 뇌는 본래 읽도록 설계되지 않았다. 미국 신경심리학자 매리언 울프가 10년 전 펴낸 『책 읽는 뇌』는 이렇게 시작한다. "인류는 책을 읽도록 태어나지 않았다. 독서는 뇌가 새로운 것을 배워 스스로 재편성하는 과정에서 탄생한 인류의 기적적인 발명이다." 호모사피엔스가 지구에 출현한 것이 10만 년 전이고, 문자가 발명된 것은 대략 8천 년 전이다. 애초에 글을 읽는 DNA를 갖고 있지 않았다는 얘기다. 글자가 생기고 '읽기의 힘'이 쌓이면서 인류 문명은 꽃을 피웠다.

동영상은 재미있고, 자극적이며 중독성 있다. 짧은 시간에 핵심 내용을 깔끔히 정리해 준다. 6·25 전쟁이 뭐냐고 묻는 아이에게 동영상은 3~5분 이내에 아이의 머릿속에 개념을 간단히 넣어 준다. 시청각 자료의 교육 효과는 오래전 입증됐다. 문제는 디지털 기기와 콘텐츠에 익숙해진 뇌는 '읽는 힘'을 기르기 어렵다는 것이다. 눈으로 글자를 읽고, 머리로 이해하고, 생각하는 '깊이 읽기'를 충분히 경험하지 못했기 때문이다. 『생각하지 않는 사람들』에서 저자 니콜라스 카Nicholas Carr는 이렇게 말한다.

"디지털 문화에서 우리는 컴퓨터가 인간처럼 될까 걱정하기보다 우리가 컴퓨터(기계)처럼 될지를 더 걱정해야 한다."

남과 다른 나의 관점을 만드는 독서

인공지능 시대에 인간은 대체 불가능한 '인간 지성'이 돼야 한다. 남과 다른 '나의 관점'을 만들어야 한다. 정해진 답은 인공지능이 인간보다 훨씬 정확하게, 빨리 알려 준다. 독서는 인간 지성을 길러 주는 좋은 도구다. 진화학자 장대익 서울대 자유전공학부 교수는 독서야말로 창의성의 원천이라고 확신한다.

"인간의 뇌에서 '느린 생각'(창의성)을 담당하는 것은 전전두피질인데, 전전두피질은 상당한 에너지 소모를 가져온다. 따라서 뇌가 '느린 생각'에 익숙해지도록 하는 별도의 훈련이 필요하다. 그런데 이는 시청 등 디지털 정보 습득 과정에서는 잘 만들어지지 않는다.

뇌 전체를 활용하는 독서야말로 느린 생각을 가장 효과적으로 만들어 내는 행위다. 책을 많이 읽는 사람들이 남들이 보지 못한 것을 보고, 기존에 연결하지 않았던 지식을 연결하는 능력이 뛰어난 것은 이 때문이다. '창의적 연결 능력'을 갖춘 인재들은 독서를 통할 때 가장 효과적으로 육성할 수 있다."

사람은 경험을 통해 배운다. 그런데 보고 듣고 느끼는 데는 한계가 있다. 책은 시대와 국경을 넘어선 경험들을 담고 있다. 시공간 제약을 받지 않고, 최소한의 비용으로 효용을 극대화할 수 있는 도구다. 지식뿐 아니라 쾌락 측면에서도 마찬가지다. 책은 지식뿐 아니라 사색, 공감, 사유의 범위를 넓혀 준다. 나아가 사람, 세상, 우주 만물의 이치를 깨우쳐 준다.

성공한 이들은 하나같이 성공 비결로 책을 꼽는다. 하루 대부분을 서재에서 보내는 워런 버핏과 빌 게이츠의 책에 대한 사랑은 유명하다. 일본 IT 역사의 산증인 '소프트뱅크' 손정의 회장의 성공 비결 역시 책이다. 그는 26세에 중증 간염으로 5년밖에 살 수 없다는 시한부 인생을 선고받았다. 남들 같았으면 이제 죽는구나, 하고 좌절했을 법한데 그는 병상에서 책을 붙들었다. 되려 '이 시기는 내 인생 절호의 기회'라 생각했다. 3년간 읽은 3천 권의 책은 그의 성공을 이끈 자양분이 됐다. 발명왕 에디슨 역시 도서관에 있는 책을 닥치는 대로 읽었다. 철학자 사르트르의 조언대로 많은 것을 변화시키고자 한다면 많은 것을 받아들여야 한다.

그런데도 책 읽는 사람은 점점 줄어들고 있다. 문화체육관광부가 발표한 '2019 국민 독서실태조사'에 따르면 1년간 성인 종이책 연간 독서율은(지난 1년간 교과서, 학습참고서, 수험서, 잡지, 만화를 제외한 일반 도서를 1권 이상 읽은 사람의 비율) 52.1%, 독서량은 6.1권으로 2017년보다 각각 7.8%포인트, 2.2권 감소했다. 2009년 독서율 71.7%와 비교해 보면 10년 사이 약 20%포인트 감소했다. 눈에 띄는 건, 책을 읽는 사람들의 독서 시간은 증가한 점이다. 안 읽는 사람은 더 안 읽고, 읽는 사람은 더 많이 읽는 '빈익빈 부익부' 현상이 독서에서도 나타나고 있다.

'읽는 힘'을 길러 줘야 하는 초등 시기

영상에 익숙한 디지털 원주민인 아이들에게 '읽는 힘'을 길러 줘야 하는 이유는 명백하다. 뇌 과학자 김대식 카이스트 교수는 "아이들이 열두 살 이전에 다양한 책을 읽고 이해하는 능력을 기르는 교육을 해야 한다"고 목소리를 높인다. 성인이 되어 영어를 배운 사람이 원어민의 발음이나 뉘앙스를 모국어처럼 온전히 받아들이는 건 쉽지 않다. 그와 마찬가지로 독서도 일정 나이가 지나면 자유자재로 읽고 이해하기 어려워진다는 다소 파격적인 주장이다.

평생 배움의 시대에 '평생 읽는 뇌'는 차별화된 무기다. '평생 읽는 뇌'를 갖는다는 건 어떤 상황에서도 자기만의 무기로 무장하는 것이다. 분야를 넘나드는 지식을 흡수하고, 자기만의 렌즈를 통해 재해석해 내는 데서 새로움, 창조가 일어난다. '읽기의 힘'은 생각보다 강력하다.

'평생 읽는 뇌'는 어떻게 만들어질까?

읽는 즐거움을 깊이, 아주 깊이 경험하는 것이 첫 단추다. 미국에서 어린이 독서 열풍을 일으킨 『하루 15분, 책읽어주기의 힘』의 저자 짐 트렐리즈는 말한다.

"정말 뜨겁게, 의미 있게 책을 만나는 한 번의 경험이 책을 좋아하게 만든다. 아이를 평생 독서가로 만드는 비결은 그 어떤 명작도 필독서도 아니다. '야구에서 홈런을 한 방에 치듯 아이의 취향을 제대로 겨냥한 책', 바로 홈런북이다."

아이가 어릴 때부터 책과 친해질 수 있는 환경을 만들어 주자. 나의 첫 '홈런 북'은 『작은 아씨들』이다. 말괄량이 작가 지망생 조 마치는 내 평생 친구로 남아 있다. 마흔을 앞둔 내게 "책을 쓰라"는 말을 건넨 이도 그녀다. 다락방에서 원고와 씨름했던 그녀는 지금도 나와 함께한다.

　세상의 많은 관계가 그렇듯, 책도 그렇다. 만나서 내가 즐겁고 좋아야 자꾸 보게 된다. 그래야 관계를 지속할 수 있다. 죽을 때 무덤까지도 책을 가지고 간다는 '책의 민족' 유대인은 자신들의 경전 『토라』를 아이들에게 처음 읽힐 때 종이의 끝부분에 꿀을 바르고 아이들에게 맛보게 한다. 학교에서 처음으로 글자를 가르칠 때도 알파벳 모양의 달콤한 과자를 준다. 그렇게 독서와 달콤함의 감정을 연결한다. 자꾸 보고 싶고, 궁금해진다. 독서도 똑같다. 좋아해야 읽게 된다. 중고등학생이 책을 읽지 않는 것이 입시 때문에 시간이 없어서라고 생각하지만, 실은 그렇지 않다. 우리나라 성인은 더 책을 읽지 않는다. 책을 읽으며 행복한 경험이 많지 않아서다.

　아이의 책 읽기를 즐거운 감정과 연결한다면 이미 절반은 성공이다. 아이에게 책을 읽어 줄 때는 오직 아이만을 위한 연극을 한다고 생각하자. 잘 나가는 한류스타 뺨치는 연기를 해 보자. 아이가 매일같이 책을 읽어 달라고 보채는 마법이 일어날 것이다. 아이가 매일같이 똑같은 책을 들고 온다 해도 괜찮다. 그렇게 한 권을 오십 번, 백 번 들으며 아이는 머릿속에 단어와 문장, 문단 구조를 자연스레 입력하게 된다. 읽을 때마다 아이는 매번 다른 상상의 나래를 펼칠 터이니 아이가 스스로 다른 책을 가지고 올 때까지 기다려 주자. 아이에게 지식을 주려는 욕심을 내려놓는다. 순서대로 읽힐 필요도 없다. 다만 책을 읽다가 아이가 지루해하면 바로 멈추자. "끝까지 봐야지"라고 말하는 순간 책 읽기는 즐거운 놀이에서 괴로운 행위로 바뀐다.

책과 친구 되게 하는 제일 좋은 방법은 일주일에 한 번 정도 서점이나 도서관에 가는 날을 정해 축제처럼 보내는 것이다. 아이가 서점에서 여유롭게 책과 호흡하는 시간을 주자. 서점에서 책 읽는 사람들의 모습도 구경하고, 이리저리 책을 뒤적이며 노는 일상을 누려 보자. 집으로 돌아오는 길엔 아이가 좋아하는 아이스크림이나 과자를 고르는 즐거움을 선사하자. 아이는 그 '축제의 날'을 손꼽아 기다릴 것이다.

책을 좋아하는 1단계에 진입했다면 책을 슬기롭게 읽는 방법을 더할 때다. 바로 '질문'이다. 책은 저자의 총체적 생각을 논리적으로 풀어낸 집합체다. 독서는 책의 저자와 단독으로 대화하는 것과 같다. 하지만 아이가 어려서부터 스스로 질문하며 읽기는 어렵다. 부모가 생각할 거리를 던져 주자. "주인공은 여기서 어떤 느낌이었을까?", "너라면 어떻게 했을 것 같아?" 책이 아이의 머릿속으로 들어가 사고 과정을 거쳐 자기 말이나 글로 출력하는 것까지가 독서 활동이다. 단, 내용을 확인하는 질문은 안 하느니만 못하다. "주인공 친구 이름은 뭐지?", "주인공이 어디로 갔다고?" 아이는 자기도 모르게 긴장하며 마음에 부담감을 느낄 수 있다. 아이가 집중을 안 하는 것 같을 땐 다른 놀이를 하는 편이 낫다.

책 읽는 부모의 모습을 보여 줘라

'읽는 뇌'를 만드는 데 늦었을 때란 없다. 좋아하는 '인생 책' 한 권이면 절반은 온 셈이다. 그로부터 한 권, 한 권 읽어 나가면 된다. 글을 읽으며 저자와의 대화를 시도해 보자. 마음껏 상상하고, 생각하고, 질문해 보자. 놀이하듯 책을 읽어 보자. 책을 탐닉해 보자. 책도 시절에 따른 인연이 있다. 때에 맞게 만나야 한다. 책을 고를 때도, 읽는 속도도, 내가 기준이 돼야 한다. 남의 시선을 의식할 필요는 없다. 남이 대신 읽어 줄 것도 아니지 않은가.

아이는 부모의 뒷모습을 보고 자란다. 아이가 '평생 읽는 뇌'로 성장하길 바란다면 아이 눈에 책 읽는 부모의 모습을 담아 주자. '책에 뭐가 있길래, 우리 엄마 아빠는 저렇게 책에 빠져 있을까.' 문득 어린 시절 엄마 아빠의 모습을 떠올렸을 때 책 읽는 모습이 조각보의 한 조각을 장식하면 좋겠다.

아이의 '인생 책' 이전에 나의 '인생 책'은 무엇인지 떠올려보자. 열 번이고, 스무 번이고, 백 번이고, 책장에 꽂아두고 야금야금 꺼내 보는 책 리스트를 만들어 보자. 인공지능 시대를 '읽는 뇌'와 함께 놀이하듯 건너가 보자.

"독서를 잘한다는 것은 읽은 글을 통찰로 빠르게 전환해서 내 삶에 스며들고 영향을 미쳐야 한다는 것이다. 그것으로 세상을 보는 눈이 바뀌는 것이다."

-조승연 작가

책 읽는 법과 읽은 후 놀이

독서법은 책을 읽는 '연장'
독서법은 책을 읽는 데 필요한 '연장'이다. 통나무로 의자를 만들 때 다양한 연장이 필요하듯 책 읽을 때도 그렇다. 책의 종류에 따라, 결에 따라, 또 책을 읽는 상황과 목적에 따라 읽는 방식도 달라진다. 모두에게 맞는 최고의 독서법이란 없다. 독일 최고의 문호 괴테조차도 "나는 80년간 책을 읽었지만 최고의 독서법은 아직 모르겠다."라고 말했다. 가장 중요한 것은 나에게 맞는 독서법을 찾는 것이다.

1. 초서법
살아생전 500여 권의 방대한 책을 남긴 다산 정약용 선생은 두 아들에게 초서법을 권했다. 초서 독서법은 책을 읽다가 중요한 부분만을 뽑아 쓰는 것이다. 손과 손가락을 움직이면 뇌의 가장 많은 부분을 자극하고 활동할 수 있다.

2. 슬로 리딩
미국 휴스턴대학 교수이자 영문학자 데이비드 미킥스는 『느리게 읽기』에서 책을 통해 깊게 사유하는 법을 알려 준다. '느리게 읽기'란 시간과 노력을 들여 천천히 텍스트를 읽어 나가며 그 속에 숨어 있는 작가의 의도와 의미를 사유하고 탐색하는 과정을 즐기는 독서 방식이다. 저자는 단언한다. "당신이 느리게 읽기를 실천하면 느림 속에서 자아를 발견할 수 있을 것이고 자아를 마주한 이후에는 보다 성숙해질 수 있을 것이다."

3. 낭독법
유대인의 전통적인 공부법으로 유명한 하브루타는 한마디로 함께 말하는 공부법이다. 둘씩 짝을 지어 읽고 함께 토론하면서 자기 생각을 말로 표현한다. 우리나라 옛 선조들도 서당에서 '하늘 천, 땅 지' 천자문을 목청껏 외치며 공부했다.

책과 함께 놀기

 책을 읽은 뒤 독서일지 쓰는 것을 의무화하는 것은 좋지 않다. 아이가 책과 친해질 수 있는 다양한 놀이를 해 보자.

1. 책 표지 가방 만들기

아이가 읽은 책을 감싸고 있는 겉표지를 활용해 책 표지 가방 만들기를 해 봐도 좋다. 책 표지의 한쪽 끝을 1~3㎝ 정도 접어서 반대편과 붙여 표지의 양 끝이 연결되어 원통 모양이 되도록 한다. 접은 선을 기준으로 세로선을 세 군데 더 접어서 쇼핑백 모양을 만들어 준 뒤 바닥 부분을 접어서 붙이면 가방 모양이 된다. 끈으로 손잡이까지 달면 나만의 가방이 완성된다.

2. 글자 우산, 아코디언 북 만들기

 글자 우산 만들기도 좋은 방법이다. 읽고 나서 가장 감동했거나 인상적인 부분을 투명 우산에 그려보며 표현하는 것이다. 아이에 따라 가장 재미있던 문단 부분의 삽화를 그대로 그려 넣기도 하고, 읽은 책에 관한 이야기를 시간의 흐름에 따라 우산에 표현할 수도 있다.

아코디언 북 만들기도 글자와 친해지는 좋은 방법이다. 도화지 등 평면에 쓴 글자와 이미지를 입체적으로 감상할 수 있다는 게 장점이다. 아코디언 북은 계속해서 연결해 나갈 수 있기 때문에 아이의 독서 이력 기록에도 적합하다.

3. 독서 카드 만들기

 독서 카드를 만들어 카드 앞면에는 줄거리와 책의 열쇳말을 쓰게 하고, 뒷면에는 감상을 그림이나 낙서, 메모 등으로 표현해 보도록 하자. 독서 만화를 그리는 경우 아이가 책에 나오지 않은 결말을 상상해 그려 볼 수 있다. 글자를 읽은 뒤 이를 수용하고 책의 줄거리를 단계별로 배열하는 능력을 키울 수 있다. 이 밖에 독서 신문을 만들어 주인공을 가상 인터뷰해 보거나 책의 배경 지식에 대한 글이나 사진을 함께 게재하는 것 또한 책과 친해지는 방법 가운데 하나다.

평생 글쓰기 시대,
WQ를 키워라

    정보와 지식이 소위 '돈이 되는 시대'다. 글쓰기는 전문성을 드러내는 가장 빠르고 효과적인 방법이다. 뇌과학자 정재승 카이스트 교수는 저서 『과학콘서트』, 『열두 발자국』 등을 통해 빠르게 이름을 알렸다. 『영어책 한 권 외워봤니?』로 유명해진 김민식 MBC PD는 파업 당시 "김장겸 물러나라"를 용감하게 외쳐 좌천됐다. 제일 좋아하는 드라마 제작을 할 수 없게 된 그는 블로그를 시작했고, 인생이 완전히 바뀌었다. 평범한 일상을 기록하면서 비범하게 변화하는 드라마 같은 이야기다.

    기록하는 인간 '호모 스크립투스'. 머나먼 옛날 동굴에 그림을 그리며 자신의 흔적을 남기고자 했던 인간의 기록본능은 디지털 시대까지 이어지고 있다. 과거 글쓰기는 신문이나 잡지, 책을 쓰는 사람들의 전유물이었다. 하지만 이제는 도구와 매체 발달로 누구나 작가가 될 수 있는 시대다. SNS, 블로그 계정만 있으면 나의 일상, 의견, 전문 분야까지 무엇이든 글로 표현할 수 있다. 글은 강력한 '퍼스널 브랜딩'을 만들 수 있는 도구다. 강연과 출판 제의를 받기도 하고, 운이 좋으면 광고와 협찬까지 따른다. 글은 개인 브랜드 가치를 높이는 핵심 기술이자 자산이다.

새롭게 떠오르는 '글쓰기 지수'

이제 세상은 '쓰는 사람'과 '그렇지 않은 사람'으로 나뉜다. 유튜브 한 편을 촬영하려 해도 대본이 필요하다. 글로 정리하지 않은 말은 두서가 없고 샛길로 빠지기 쉽다. 직장에 들어가도 기획안, 보고서로 최종 평가를 받는다. 앞으로는 글쓰기 지수Writing Quotient, WQ 역시 하나의 평가 기준이 될 전망이다.

미래를 살아갈 아이들은 평생 글쓰기를 하며 살아가게 될 것이다. '긱' 경제 시대에는 일시적 고용 형태를 이어가야 할 가능성이 크다. 이때 인터넷 공간에 올린 글은 훌륭한 자기소개서가 된다.

생각하는 힘이 경쟁력인 인공지능 시대. 글쓰기의 필요성은 점점 커진다. 이미 대학들은 입시에서 글쓰기 비중을 늘리고 있다. 시대적 요구에 따른 세계적 추세다. 우리와 비슷한 주입식 교육을 하던 일본은 2020년부터 수학능력평가를 전면폐지하고 국제바칼로니아International Baccalaureate 방식으로 바꿨다. 일본 학교들은 1주일 35시간 수업 가운데 23시간을 토론과 글쓰기 수업으로 진행한다. 대학입학시험도 100퍼센트 논술형이다. 우리나라 교육 현장에서도 주입식 교육의 변화를 촉구하는 목소리가 높다. 방향성은 이미 나와 있다. 생각하는 힘을 기르고, 생각의 핵심을 명확히 전달하는 글쓰기가 필요한 이유다.

코딩 프로그램 스크래치를 만든 MIT 공대 미첼 레스닉^{Michel} ^{Resnick} 교수는 "아이들에게 코딩보다 글쓰기를 먼저 가르쳐야 한다."고 강조한다. 인공지능이 기사도, 소설도 쓰는 시대에 굳이 글쓰기를 가르쳐야 할까, 묻는 사람들에게 미첼 교수는 말한다.

"바보 같은 질문이다. 당장 생일 축하 카드부터 우리 삶 모든 부분에 쓰기가 있다. 무엇보다 쓰기는 사람들에게 생각하는 법을 가르친다. 글을 쓰면서 아이디어를 체계화하고 개선하고 검토하는 법을 배운다. 글을 잘 쓸수록 생각을 잘하는 사람이 된다."

결국 글쓰기도 훈련이다

문제는 글쓰기가 쉽지 않다는 데 있다. '글쓰기의 거장' 어니스트 헤밍웨이는 "글쓰기가 늘 힘들었고, 때로는 거의 불가능했다. 단 한 번도 글쓰기가 쉬운 적이 없었다. 모든 초고는 쓰레기다. 특히 내 글은 더하다. 그래서 초고는 걸레로 나올 것을 잘 알고 있으니, 맘 편히 쓴다."라며 위로를 건넨다. 우리는 헤밍웨이가 『노인과 바다』의 초고를 400번 가까이 수정했다는 사실을 잘 알지 못한다. 우리는 400번 고친 완성된 원고와 내 글을 비교하는 오류를 범하고는 성급히 결론 내린다. '나는 글쓰기에 재능이 없어.'

흔히 글쓰기는 '그분'의 영감을 받아 신들린 듯 쓴다고 생각하지만 글은 재능이 아니라 엉덩이로 쓴다. 글쓰기 고수들이 예외 없이

하는 말이 있다. "일단 매일 써라." 오은 시인이자 서울대 국문과 교수는 글쓰기에 재능이란 게 있다면 '꾸준함'밖에 없다고 단언한다. "누구도 한 번에 완벽히 쓸 수 없다. 첫 문장이 다음 문장을 불러들이고, 그것들 사이에 다리를 놓으면서 글을 완성해 나가는 것이다." 꾸준히 하기 위해선 습관이 돼야 한다. 하루 한두 줄, 세 줄, 이렇게 쓰는 날이 이어지면 습관이 된다. 습관은 하기 싫은 마음의 장벽을 무너뜨린다.

아이가 초등학교 2, 3학년쯤 되면 많은 부모가 고민한다. "아이 글쓰기는 어떻게 가르쳐야 할까요?", "애가 글쓰기를 너무 싫어해요.", "논술 학원을 보내야 할까요?" 사교육이나 독서 토론 프로그램의 도움을 받는 것도 글쓰기 길잡이의 대안이 될 수 있다. 단 아이가 즐기는 선에서, 부담이 없어야 한다. 아이가 글쓰기를 즐기지 못하면 제아무리 잘 가르치는 논술 학원이라도 소용없다.

평생 글쓰기의 운명을 좌우하는 건 어릴 적 글쓰기와의 로맨스다. 초등학교 3, 4학년까지는 '썸' 타는 시기를 무사히 넘기고 안정적인 관계까지 가는 게 목표다. 글을 쓸 때 설레고 흥분되는 느낌을 경험하는 것, '평생 글쓰기'의 첫 관문이다.

대부분 첫 관문에서 실패한다. '로맨스'는커녕 '썸'도 못 탄다. 첫인상이 고약해서다. 초등학교 방학 때 '최악의 기억'을 꼽으라면 밀린 일기 쓰기가 단연 1위일 것이다. 그림 그리기 싫은데 그림 칸은 왜 그리 넓은 건지. 쓸 말도 없는데 한 페이지 다 채우느라 진을 뺀다. 국어책에서 시 몇 개 읽은 게 전부인데 시를 지어오라고 한다.

시에 꼭 맞는 그림을 그리고 색칠도 해가야 한다. 어렵고 힘들고 귀찮다. 한 반에 50명이 넘었던 과거엔 선생님의 선택을 받은 소수의 작품만 교실 벽에 걸려 빛날 수 있었다. 글쓰기에 대한 실패 경험, 부정적 감정들이 쌓이고 쌓인다. 글과 담을 쌓는 일련의 과정이다.

이 밖에도 글쓰기를 싫어하는 이유는 백만 가지다. 이문재 시인이자 경희대 후마니타스칼리지 교수는 이렇게 분석한다.

"가장 큰 원인은 글쓰기를 배운 적이 없다는 것이다. 일단 초·중·고등학교 교과과정에 글쓰기 수업이 없다. 전문 교사가 없으니, 글쓰기 수업도 전무한 실정이다. 둘째, 쓸 말이 없다. '인풋'이 있어야 '아웃풋'이 있는데, 독서량이 턱없이 부족하다. 문해력과 창의적 사고력 역시 바닥 수준이다."

입시 경쟁에 찌들어 생각 없이 외우는 데 익숙한 아이들에게 자기 생각을 써내는 논술시험은 괴로움 그 자체다. 지문을 읽고, 답을 쓰고, 빨간펜으로 첨삭받고, 고치고를 반복하면서 점점 글쓰기와 멀어져간다. 이런 실패 경험을 반면교사 삼아 아이의 글쓰기를 지도해보면 어떨까?

초등 글쓰기 지도 방법
1. 글쓰기와 친해지게 한다
아이가 글을 잘 쓰고 못 쓰고는 지금 단계에서 중요치 않다. 글쓰기를 좋아하는가, 이게 핵심이다. 아이가 글쓰기와 좋은 관계를 맺도록 도와주자. 가장 쉽게 시작할 수 있는 것이 일기 쓰기다. 일기라 해서 반드시 일기 형식을 고수할 필요는 없다. 기분에 따라 그림만 그려도 되고, 글씨만 써도 된다. 글의 분량도 강요하지 말자. 쓰다 보면 자연스럽게 글쓰기 실력이 는다. 맞춤법도 책을 읽으면 점차 고쳐진다. '쓰는 행위'에 친밀감을 느끼는 게 최우선이다. 일기라 해서 꼭 밤에 쓸 필요도 없다. 만물의 기운이 사그라드는 밤에는 아이도 피곤하다. 아이의 에너지가 충만하고 기분이 좋을 때를 노리자.

2. 글감을 함께 찾아보자

일기 쓸 때 가장 곤혹스러운 것이 '뭘 쓸까?'다. "아이가 맨날 쓸 게 없대요." 평소 아이를 살피면서 재미를 느끼거나 몰입하는 것을 찾아보자.

한번은 아이가 공짜로 앱을 만들 수 있는 법을 알게 됐다면서 내 핸드폰을 빌려 간 적이 있다. 앱을 만들고 나서 흥분이 가라앉지 않은 틈을 타 나는 "이거 일기로 쓰면 엄~청 재밌겠다."라며 운을 띄웠다. 주제가 정해지면 글쓰기에 발동이 걸린다. 가족 일기장을 거실에 두고 틈날 때마다 글을 남기는 것도 강력추천한다. 직접 말로 하기는 쑥스러운 내용도 일기 형식을 빌려 소통할 수 있다. 잘 활용하면 글쓰기가 일상이 되기도 한다. 하고 싶은 말이 특별히 없을 때는 감사 일기를 남긴다. "날씨가 좋아서 감사합니다.", "친구랑 재미있게 놀아서 감사합니다.", "일이 잘 끝나서 감사합니다."

3. 칭찬은 글쓰기를 춤추게 한다

아이의 글을 읽을 땐 감동의 '리액션'이 필수다. 평소 거울을 보고 연습할 가치가 있을 만큼 부모의 오버액션이 필요하다. "어머, 이런 표현은 기가 막히다. 눈물이 날 것 같아.", "오, 마이, 갓! 이런 상상력은 대체 어디서 나온 거야?", "작가 탄생!"

글솜씨는 칭찬을 먹고 자란다. 『대통령의 글쓰기』로 유명한 강원국 작가도 아내의 칭찬 덕에 지난 세월 글쓰기를 이어올 수 있었다고 고백했다. 빨간펜 대신 색연필이나 형광펜을 손에 들자. "너무 좋은 표현인데." "와, 어떻게 이런 생생한 문장을 썼어?" 칭찬하고 싶은 부분을 꼭 집어 하이라이트, 별표, 하트를 날려주자. 사실 칭찬만 잘해도 아이의 글쓰기는 춤을 춘다.

4. 책 형태로 만들어 보자

글은 기억의 재편집이자 성장의 기록이다. 아이는 글을 통해 기억을 재구성하고, 자신이 성장함을 확인한다. 아이의 글을 소중히 모아 종종 추억을 되새기는 시간을 선물하자. 아이가 기록의 즐거움을 느끼는 순간, 글쓰기는 8차선 고속대로에 올라탄 것이다. 모은 글을 책으로 엮어 가족들, 주변 사람들에게 선물해도 좋다. 비용이 부담스럽다면 집에서 책 형식으로 만드는 작업도 추억이 된다. 아이는 작가가 된 기분을 만끽함은 물론 글쓰기에 열정과 자신감의 날개를 단다. 블로그 '이웃'이나 친구, 가족들의 댓글과 관심은 아이가 글쓰기를 이어가는 원동력이 될 수 있다.

5. 좋은 글의 요건을 알려 준다

아이가 첫 관문을 무사히 통과했다면 좋은 글의 요건을 알려 주자. 글쓰기 법은 책 한 권도 부족하겠지만, 좋은 글의 공통점만 추려본다.

첫째, 좋은 글은 오감을 자극한다. 마치 그 장면이 눈에 펼쳐지듯 냄새가 나듯 귓가에 목소리가 들리듯 쓰면 잘 읽힌다. 둘째, 주장이나 사실에 대한 근거가 풍부하다. 사실관계가 분명하고, 비유와 예시, 비교가 적절하다. 또 인과관계가 명확해 충분히 이해된다. 셋째, 군더더기가 없다.

『글쓰기 생각쓰기』 저자이자 컬럼비아대학 언론대학원 교수 윌리엄 진서William Zinsser는 말한다. "군더더기 없이 깔끔하면서도 적확한 글, 술술 읽히되 무릎을 치게 만드는 글을 쓰자. 멋 부리느라 장황하게 늘어놓는 일은 피하자." 빼도 의미에 문제가 없으면 지우는 게 맞다.

글은 크게 문학적 글쓰기와 논리적 글쓰기로 나눌 수 있다. 누구나 수영을 배울 수 있듯, 논리적 글쓰기는 훈련으로 가능하다. 그러나 누구나 '수영 황제' 펠프스가 되는 건 아니듯, 문학적 감수성은 재능과 노력, 시간이라는 3박자가 필요하다.

일상에서 아이와 대화할 때 오감을 적극 활용해 보자. 아이의 말과 글에 생동감이 깃드는 것이 눈에 보일 것이다. "구름이 달콤해 보인다.", "너 표정이 크리스마스이브 같아.", "오늘 하루는 핑크빛이다. 설렌다.", "이 문제는 질긴 고기 먹는 것 같아." 어떤 장면이나 상황을 두고 말하기 릴레이 게임을 해 보는 것도 좋다. "노을이 화를 낸다.", "노을에 고기를 구워 먹어야지.", "노을이랑 달걀이 어울리네." 얼핏 들으면 웃기지만 감수성과 표현력 기르는 데 도움이 된다.

논리적 글쓰기는 자기주장에 대한 근거를 통해 상대를 설득하는 글이다. 논리적 글쓰기에서 특히 중요한 것이 '문단'에 대한 개념이다. 글쓰기가 하나의 큰 덩어리라면 문단은 작은 덩어리다. 각각의 작은 덩어리를 잘 엮으면 글이 된다. 아이에게 문단 개념을 알려줄 땐 색종이를 활용하면 좋다.

먼저 색깔별로 색종이를 놓고 각 문단에 들어갈 주제문을 한 문장씩 쓴다. 둘째, 색깔별 주제문과 관련된 문장들을 2~3문장 정도 연결하는 연습을 한다. 셋째, 그 색종이를 순서대로 이어 붙이면 한 편의 글이 된다. 문단 쓰기와 구성하기에 익숙해지면 이를 기초로 다양한 글쓰기를 시도할 수 있다.

요즘 내 아이의 최대 관심사는 강아지 입양이다. "왜 강아지를 입양해야 한다고 생각해?" 아이는 목에 핏대를 세우며 주장과 그에 대한 근거를 이야기한다. "글로 한번 써볼까?" 아이는 부모를 설득해내고야 말겠다는 의지를 불태우며 글쓰기에 몰입한다.

"나는 강아지를 입양해야 한다고 생각한다. 첫째, 나는 강아지와 있을 때 행복하다. 둘째, 강아지가 있으면 산책을 시킬 수 있다. 건강에 좋다. 셋째, 강아지랑 같이 자면 외롭지 않다. 보리가 하늘나라에 간 날 나는 잠을 깊이 잘 수가 없었다. 보리같이 착한 강아지를 입양해서 내가 훈련을 시킬 것이다."

이걸 본 아빠는 다음과 같은 반론을 써서 벽에 붙였다. "강아지가 있으면 공부에 집중할 수 없다. 강아지와 함께 자면 깊이 잘 수 없다. 강아지를 훈련시키는 건 쉽지 않다. 강아지를 데리고 여행 다니기가 어렵다." 자극받은 아들은 재반박하는 글을 써서 또 붙였다. 이름하여 '글쓰기 핑퐁 게임'이다.

이 과정에서 '생각하는 힘'과 함께 논리적 글쓰기에 대한 기초가 차곡차곡 쌓인다. 아이의 글쓰기 의욕을 불태우는 주제를 찾아 '넛지(옆구리 찌르기)'를 해 보자.

아이와 함께 첫 문장을 써 보자

글쓰기는 요리와 참 닮았다. 먹고 싶은 요리를 고르듯 쓰고 싶은 주제를 정하자. 갖고 싶은 것, 보고 싶은 넷플릭스 프로그램, 좋아하는 축구 선수, 방학 때 가고 싶은 여행지 등 모든 게 글감이다. 주제가 정해지면 자료 검색에 들어간다. 음식을 만들기 전 재료를 구하듯, 다양한 책과 영상을 보며 생각의 재료를 준비한다. 재료가 다양하고 신선하면 좋은 요리가 완성된다. 유명 맛집을 찾아다니며 노하우를 익히는 것도 중요한 과정이다.

잘 쓴 글을 많이 읽고, 필사와 낭독을 해 보자. 여기에 자기만의 색을 입히면서 스타일을 찾아가면 된다. 다 쓴 글은 소리 내 읽으면서 더는 못하겠다 싶을 때까지 고친다. 맛있는 글쓰기가 완성된다.

아이와 함께 일단 첫 문장을 적자. 잘 쓰겠다는 힘은 빼자. 글은 삶의 결정체다. 뿌리 깊은, 균형 잡힌 삶에서 좋은 글이 나온다. 직접적이건 간접적이건 경험한 삶의 깊이, 폭만큼만 쓸 수 있다. 세상엔 많고 많은 신동이 있지만 글쓰기만큼은 재능의 소질 정도는 간혹 보이기도 하지만 신동이 없는 이유다.

살아온 만큼, 살아온 결대로 쓸 수밖에 없다. 종종 글처럼 삶의 방향이 가기도 한다. 글쓰기가 아이의 삶을 풍성하게 하리라 믿는다. "인간의 목표는 풍부하게 소유하는 것이 아니고 풍성하게 존재하는 것이다." 돌아가신 법정 스님의 말씀이다.

초등 학년별 글쓰기

초등 1~2학년: 자기 생각을 표현하는 법을 익혀야 한다. 글쓰기에 익숙하지 않다면 말이나 그림으로 대신한다. 또래끼리 한 주제를 가지고 자유롭게 얘기하거나 부모와 대화하는 기회를 늘린다.

초등 3~4학년: 자기주장과 의견을 표현해야 한다. 문단 쓰기를 배우고, 쓰기에 대한 자신감을 가져야 하는 때다. 세상에 대한 '문제의식'을 갖는 훈련이 필요하다. 세상에 관심을 두고 '왜 그럴까?'에 대한 자기 생각을 쓸 수 있어야 한다. 평소 '왜 플라스틱 빨대를 써야 할까?' 같은 질문으로 자극을 주는 게 좋다.

초등 5~6학년: 자기 생각이 강해지고 배경 지식도 확장된다. 본격적으로 읽기와 쓰기에 돌입하는 단계다. 무조건 많이 읽으라는 강요는 금물이다. 책을 정독해야 한다. 10권을 읽는 것보다 1권을 꼼꼼히 읽고 '자기화'하는 과정이 필요하다.

초등학교 학년별 쓰기 성취 기준

• 초등 1~2학년

-글자를 바르게 쓴다.

-자신의 생각을 문장으로 표현한다.

-주변의 사람이나 사물에 대해 짧은 글을 쓴다.

-인상 깊었던 일이나 겪은 일에 관한 생각이나 느낌을 쓴다.

-쓰기에 흥미를 느끼고 즐겨 쓰는 태도를 지닌다.

• 초등 3~4학년

-중심 문장과 뒷받침 문장을 갖추어 문단을 쓴다.

-시간의 흐름에 따라 사건이나 행동이 드러나게 글을 쓴다.

-관심 있는 주제에 대해 자신의 의견이 드러나게 글을 쓴다.

-읽는 이를 고려하여 자신의 마음을 표현하는 글을 쓴다.

-쓰기에 자신감을 가지고 자신의 글을 적극적으로 나누는 태도
 를 지닌다.

• 초등 5~6학년

-의미를 구성하고 표현하는 과정을 이해하고 글을 쓴다.

-목적이나 주제에 따라 알맞은 내용과 매체를 선정하여 글을 쓴다.

-알맞은 형식과 자료를 사용하여 설명하는 글을 쓴다.

-적절한 근거와 알맞은 표현을 사용하여 주장하는 글을 쓴다.

-체험한 일에 대한 감상이 드러나게 글을 쓴다.

-독자를 존중하고 배려하며 글을 쓰는 태도를 지닌다.

3장

미래 인재로
키우고 싶다면

"다르게, 자유롭게,
튀게 생각하라"

　우리는 학창 시절 좋은 대학을 가기 위해 노력한다. 대학에 가선 좋은 직장에 들어가고자 발버둥치고, 직장에 들어가면 좋은 배우자를 만나고 싶어 한다. 결혼하면 토끼 같은 자식, 그것도 적어도 둘은 낳아야 아이가 외롭지 않다. 40대가 되면 번듯한 집 한 채, 좋은 차 한두 대는 굴려야 나름 성공한 인생이라 평가한다. 그 기준에 의문을 제기하는 목소리는 여전히 소수다.

"저는 생각이 다른데요"

　모두가 가만히 있을 때 "제 생각은 다른데요"라고 말하는 데서 비판적 사고가 시작된다. 그 어떤 권위 있는 사람이나 학설에 대해서도 '정말 그런가?', '왜 그렇지?' 의문을 제기하는 것이다.

　대량생산 시대에는 자기 생각이 뚜렷한 사람이 필요 없었다. 모든 이들이 근면 성실하게 시키는 일만 잘하면 되니까. 이는 1800년대 말, 미국의 경제를 일으키는 기반이 되었다. 조승연 작가가 이같은 교육을 두고 한마디로 정리했다. "우리 머릿속에 꽂혀 있는 교육에 대한 철학이 2차 산업혁명의 리더인 록펠러라는 사람의 회사 이름으로 정리된다. 록펠러의 회사 이름은 '스탠다드'였다."

진짜 창의성을 키우기 위해선 '스탠다드'를 뽑아내고 인문학의 영어 버전인 '리버럴liberal'을 심어 줘야 한다. '리버럴'이란 단어는 원래 로마제국에서 노예가 아닌 사람을 뜻한다. 남이 시키는 대로 일을 하는 사람이 아니라 내가 원하는 일을 내가 결정하는 것을 말한다.

이제 중요한 것은 '자기만의 생각', '다르게 생각하는 힘'이다. 그 어떤 유명한, 훌륭한 사람의 말이라도 의문을 제기할 수 있어야 한다. 다르게 볼 수 있어야 한다. 이는 미래 핵심 역량 중 하나인 비판적 사고의 출발점이기도 하다.

인공지능과 공존할 세상에 '노예가 아닌 사람'으로 살기 위해서는 '리버럴'해야 한다. 자유롭게 생각하고, 마음껏 표현할 수 있어야 한다. 기억하자. 생각이 없으면, 생각 있는 누군가의 노예로 살게 된다.

유대인은 어릴 적부터 가정에서 질문하고 답하는 '하브루타'를 한다. '하브루타'는 둘씩 짝을 지어 질문과 토론식으로 하는 그들만의 공부법을 일컫는다. 짝은 누구나 될 수 있다. 상대의 나이, 직위, 권위 이런 것에 전혀 개의치 않고 논쟁을 벌이는 것이 특징이다. 어떤 것도 정답은 없다고 생각하는 유대인은 기존 이론이나 학설에도 반기를 들고 자기주장을 펼친다.

유대인 부모는 남보다 잘하라고 말하지 않는다. 대신 '남과 다르게'를 강조한다. "다 똑같이 한 쪽으로 가면 세상은 기울어질 것"이란 탈무드 격언과 함께. 그리고 늘 아이에게 생각을 묻는다. "네 생각은 뭐니?" 노벨상 수상자와 세계 석학들 가운데 유대인이 많은 건, 이 같은 배경 덕분이다.

'튀는 아이'로 키워라

창의력 분야 최고 권위자이자 『틀 밖에서 놀게 하라』의 저자인 김경희 윌리엄메리대학 종신교수는 '튀는 아이'로 키워야 한다고 말한다. "기존의 지식이나 기술을 대체하는 특별하고 기발한 아이디어는 틀에 박힌 생각만 해서는 절대로 나오지 않는다, 또 튀는 사람은 성공의 개념이 남들과 다르기 때문에 다른 사람의 기대에 부응하거나 자신의 성공을 남에게 증명하려고 애쓰지 않는다. 튀는 태도를 갖춘 사람은 자신만의 길을 걸으면서 규칙을 만들어 나가고, 그에 따른 결과에 책임질 준비가 되어 있다."

우리는 아이의 창의력을 키우려고 애쓰지만 튀는 태도에 대해선 부정적이다. 김 교수에 따르면 아이가 남다르게 생각하거나 행동하길 기피하는 시기가 있다. 초등학교 고학년부터 중학교 저학년, 이 시기에 호기심과 상상력이 가장 많이 떨어진다는 분석이다. 이를 막기 위해선 학교와 가정에서 자기만의 생각, 개성을 가진 사람을 인정하고 존중해 줘야 한다.

'튀는 태도'를 가진 아이로 키우기 위해선 스스로 사랑하는 법을 가르쳐야 한다. 다른 사람의 기준에 맞추고, 타인의 인정에 목매지 않아야 남다른 시각을 가질 수 있다. 아이의 튀는 행동이 걱정스럽더라도 믿고 지지해 주자.

튀는 태도를 지지해 주는 건 실제로 효과가 있었다. 어느 날 아들이 학교 갈 때 핑크색 티셔츠 입기를 거부했다. "친구들이 놀려서 입기 싫다"는 것이다. 아이에게 "왜 남들과 똑같아야 하는 거야?" 물었더니 우물쭈물 답을 하지 못했다. 그 틈을 타 아이에게 다름의 가치를 말해 주었다.

"왜 남의 생각대로 네가 살아야 해? 남과 똑같아야 해? 다른 건 창의적인 거야. 좋은 거지. 다 똑같으면 재미도 없지 않아?" 아들 녀석은 이제 남다른 무언가를 시도하는 데 거침이 없다. 오히려 어떻게 하면 더, 더, 다르게 해 볼까를 고민하는 아이가 되었다.

'나는 남과 다르게 하는 사람'이라는 자아정체성을 가진 아이에게 창의적 자신감이 생긴 것은 덤이다.

아이는 자기 고유의 빛으로 태어난다. 저마다의 색으로 빛나는 아이들은 창의성 그 자체다. 하와이 야자수처럼 자유롭다. 그런데 우린 이 자유로운 영혼을 자꾸 상자 안으로 밀어 넣는다. 아이들은 시간이 지날수록 점점 비슷비슷해진다. 고유의 빛을 잃는다. 모든 색을 합치면 검정이 된다. 창의성은 자기 빛으로부터 나온다. 아이가 상자 밖 삶에서 호기심을 채우고, 자기 생각을 마음껏 분출할 시간을 주자.

　"Be different." 다르게 생각하고, 표현하고, 토론하며 새로운 생각을 키워야 한다. 어떤 의견이나 생각도 존중받을 때 자기만의 생각을 표현하는 힘이 길러진다. 다름의 가치를 존중할 때 창의성이 시작된다. 기술보다 문화에서 먼저 혁신이 일어나야 한다는 말이다.

 창의력은 훈련으로 길러진다

대부분 '창의성은 아인슈타인 같은 몇몇 천재들의 전유물'이라 여긴다. '나는 창의성과 거리가 멀어'라고 생각하고 지레 포기한다. 세계적 디자인 기업 IDEO의 창업자이자 <유쾌한 크리에이티브>의 저자 데이빗 켈리는 "우리 모두가 태어날 때부터 창의적인 존재라는 것을 깨달아야 한다"고 강조했다. "사람들이 창의적인 자신감을 가지면 자신의 삶에 진정으로 중요한 일에 몰두하기 시작한다. 더 흥미로운 아이디어를 많이 내게 되고, 그중 더 좋은 아이디어를 선택해 결국 더 좋은 결정을 할 수 있다."
가장 중요한 건 자신이 긍정적인 변화를 일으킬 수 있다는 믿음, 자신감이다. 우선 내 안에 창의성이 무한함을 믿고 시작하자.

창의적인 사람들의 특징
1. 호기심이 많고 관찰을 잘한다
영국의 세계적 패션 디자이너 폴 스미스. 그의 창의력은 '관찰'에서 나온다. "모든 것에서 영감을 얻을 수 있다. 영감을 얻지 못했다면 그 사람은 제대로 보지 않았기 때문이다."

2. 관찰만큼 중요한 것이 기록이다
칙센트미하이 교수는 창의적인 사람이 되려면 끊임없이 메모하라고 조언한다. 사람의 뇌는 암기하거나 반복하는 정도에 따라 기억장소에 저장된다. 그렇기에 일시적인 암기나 스쳐 지나가는 '영감'은 기억해 내지 못한다. 아인슈타인은 잠을 잘 때조차 머리맡에 펜과 노트를 두고 잤다. '융합 천재' 레오나르도 다빈치가 남긴 7,200쪽이 넘는 노트는 메모 습관의 결정체다.

3. 자기 주관이 뚜렷하다

미국의 사회심리학자 솔로몬 애시가 재미있는 실험을 했다. 한 방에 가짜 실험자들이 전부 짜고 틀린 답을 말하도록 한 뒤, 실험 대상자의 반응을 보았다. 창의적인 사람들은 대부분 틀린 답에 동조하지 않았다. 덜 창의적인 사람들은 답하기를 주저했고, 심지어 다른 사람의 의견에 동조하는 모습도 보였다. 창의적이려면 타인의 평가나 시선을 의식하지 않는 용기가 필요하다.

새로운 것은 늘 불확실성을 안고 있다. 실패해도 괜찮다는 마음가짐, 위험을 감수하는 용기가 필요하다. 완벽한 모습을 보이고 싶다는 욕심은 내려놓는 게 이롭다. 기대치에 압도돼 시작조차 하기 힘들다.

4. 창의적인 이들은 '연결의 귀재'다

연결한다는 건 기존에 어떤 것이 있는지, 문제점과 보완할 점 등은 무엇인지 잘 알고 있다는 걸 의미한다. 기존의 지식과 경험, 전문성이 기반이 된 상태에서 다양한 분야에 눈과 귀를 열어놓는다. 에디슨이 전구를 발명할 수 있었던 건 그 이전에 불빛, 진공, 소재 등 관련 분야의 모든 지식이 있었던 것 덕분이다. 많은 블록을 가지고 있으면 다양한 모양을 만들 수 있다. 마찬가지로 다양한 지식을 융합할 때 창의적인 결과물이 나온다.

5. 창의적인 사람들은 휴식을 중요시한다

산책하거나 샤워, 수영, 낚시 등을 즐기거나 혼자만의 시간을 내 명상을 하기도 한다. 뇌를 최대한 쉬게 해줄 때 활력과 영감이 샘솟는다. 뇌과학자 정재승 카이스트 교수는 말한다.
"창의적인 아이디어가 많이 나오는 순간 중 하나가 멍 때리는 시간이다. 물론 몰입도 창의적인 아이디어를 만들어 내지만, 완전 비목적인 사고를 할 때 불현듯 '아하' 하는 순간들이 나온다."

창의성 기르는 법

1. 익숙한 것을 멀리하고, 고정관념을 버려라

사람은 본능적으로 늘 익숙한 대로 생각하고 행동하려 한다. 창의성 훈련을 위해선 일상에서부터 틀을 깨는 연습을 해야 한다. 학교에 가는 길이 정해져 있다면, 다른 길로 가본다거나 평소 시도해 보지 않은 음식 메뉴에 도전한다. 정해진 규칙이나 당연하게 여겨지는 것들에 대해서도 "왜?"라는 물음표를 던져 본다.

아이가 책을 읽으면, 아이만의 이야기를 만들어 보는 시간을 갖자. 결말을 바꿔본다거나, 주인공을 바꾸는 등 다양한 역발상을 시도해 보자. 한번은 아들 녀석이 학교 숙제를 하다가 "정말 웃긴 아이디어가 생각났다"면서 달려왔다. 일명 '신데렐라 뒤집기'다. 속으로 '왕자와 신데렐라의 역할을 바꾸겠네' 지레짐작했다. 그런데 웬걸! 아이는 "왕자와 신데렐라가 원래 부부였는데, 이혼했어"라며 이야기를 시작했다. '결혼해서 행복하게 살았습니다'란 결말부터 완전히 뒤집은 것이다.

2. 혼자 상상의 나래를 펼칠 시간을 주자

상상은 창의성의 재료다. 1965년 이정문 화백이 그린 만화를 보면 오늘 우리 현실과 소름 끼치게 맞아떨어진다. '태양열을 이용한 집', '전기자동차', '소형 TV 전화기', '로봇 청소기'와 같은 작품은 이제 우리 일상이 되었다. '창의성 재료'인 상상력을 위해 가장 필요한 건 혼자만의 시간이다. 아이는 혼자서 심심할 때 상상의 나래를 펼친다. 앉은 자리에서 시공간을 넘나들며, 그 어떤 주인공도 될 수 있다.

빡빡한 계획 안에서는 상상력이 자랄 수 없다. 주변의 사소한 것들에도 관심을 가지고 유심히 관찰하는 습관을 길러 주자. 또한 "만약~"이라는 질문법은 아이의 상상력을 키우는 데 최고의 도구다. 프랑스에서는 수업시간에도 역할극을 통해 토론 수업을 한다. 학생들이 역사 속 인물이 되어 그 입장에 서서 토론을 하는 것이다.

3. 아이의 호기심을 키워 주자

세상에 물음표를 던지자. 아이와 길거리를 걸으면서도 그냥 스쳐 지나치지 말자.

"나무는 뭘 먹고 자랄까?", "물이랑 햇빛을 어떻게 먹을까?", "네가 나무라면 어떻게 하고 싶어?", "왜?" 이렇게 아이의 호기심을 자극하자. 아이에게 우선 필요한 것은 호기심이지 자연과학전집이 아니다. 아이가 궁금하지도 않은 해답을 미리 가르치면 세상에 대한 아이의 물음표는 사라진다.

아이들에게 필요한 건 지식이 아니라 왕성한 호기심과 상상력이다. 이를 바탕으로 한 창의성과 유연함이다. 미래에는 지금 학원에 가서 배운 것들을 극복하기 위해 몇 배는 노력해야 할지 모른다. 호기심 없이 주입받은 지식은 호기심뿐 아니라 창의력, 배움에 대한 즐거움을 모두 앗아간다. 아이가 지니고 태어난 호기심을 지켜 주자.

4. 관계없는 것들을 연결하고 결합한다

『인지니어스』의 저자 티나 실리그Tina Seelig 스탠퍼드대학 교수는 "창의적 생각을 위해 아이디어의 핵심을 가져와 아이디어들끼리 변형하고 연결하고 조합하라."고 강조한다.

아이가 다양한 관심사를 가질 수 있도록 도와주자. 스티브 잡스 역시 전자공학을 좋아했지만 선禪 사상에 심취하고 다양한 서체 수업을 들었다. 다양한 경험은 새로운 것을 창조하는 데 영감을 준다. 세계 최고의 공과대학인 MIT는 공학 못지않게 인문예술 수업을 강조하는데, 이와 같은 맥락이다.

아이와 함께 건포도, 땅콩버터, 케첩, 커피, 단추 등 집에 있는 무엇이든 좋으니 조합해서 자기만의 작품을 만들어 보자. 크리스마스트리에 비키니를 달아 보는 등, 독특한 연결을 해보자. 융합력에서 가장 중요한 것은 '연결'이다. 얼핏 보기에 연관이 없어 보이는 것들끼리 연결을 시키는 연습을 하다 보면 지식도, 경험도, 아이디어도 융합하는 힘이 길러진다. 다양한 사물, 정보, 인물, 장소 등에 대한 비슷한 점과 차이점, 특이점을 찾아 연결해 보는 것도 좋다. 이를테면 책이나 영화, 그림의 주제를 찾고 각각을 어떻게 연결할지 생각해 본다. 그림이나 책을 보고 시각, 청각, 후각, 촉각, 미각 등 오감을 활용해 몸으로 표현하는 연습도 창의 융합력을 기르는 데 효과적이다.

갈수록 중요해지는
'배우는 힘'

1950년대 이전까지만 해도 담배가 몸에 이롭다는 게 상식이었다. 놀랍게도 신문잡지에는 이런 광고가 버젓이 실렸다. "의사들은 우리 담배만 피웁니다.", "신혼여행에는 반드시 담배를 챙겨 가세요." 그럼 이건 어떤가. 태양을 도는 행성의 수는 몇 개일까. 학창시절 배웠던 '수금지화목토천해명'을 떠올렸다면 당신은 낡은 지식의 소유자다. 2006년 국제천문연맹IAU의 행성 분류법이 바뀌면서 명왕성은 태양계 9번째 행성의 지위를 잃고, 왜소행성dwarf planet으로 분류됐다. 현재 태양계 행성의 수는 8개, 혹은 왜소행성을 포함해 20여 개다. 지식은 변한다. 변하는 속도도 점차 빨라지고 있다. 현재 지식도 언제 '거짓'이 될지 모른다.

이제 살면서 진짜 중요한 것은 '학력'이다. 학력[學歷]이 아니라 '학력[學力]', 즉 '배우는 힘'이다. 사회생활 초반에는 학력[學歷]이 중요해 보일 수 있다. 잠깐이다. 시간이 갈수록 진짜 내공을 발휘하는 사람은 배우는 힘이 강하다.

위대한 사람들의 80퍼센트가 독학으로 공부한 경우다. 이유가 뭘까. 성공학의 고전으로 꼽히는 〈자조론〉의 저자 새뮤얼 스마일스는 이렇게 말한다. "최고의 인간 교육은 학교 교육이 아니라, 스스로 자신을 가르치는 교육이다." 위대한 공부는 배움에 대한 갈증으로부터 시작된다. 세상은 변하지만, '변하지 않는 법칙'에 의해 변한다. 변하지 않는 기본에 충실하면 세상이 아무리 변해도 적응할 수 있다는 얘기다. 변하지 않는 기본 중 하나가 공부다.

평생 배움의 시대가 열렸다

이미 발 빠른 사람들은 디지털 대전환 시대를 맞아 자기 변화를 꾀하고 있다. 신문, 잡지, 책 외에도 트렌드 리포트, 미래 전망 보고서 등을 섭렵한다. 중요한 부분, 기억하고자 하는 내용은 메모하거나 스마트폰에 사진으로 찍어 저장해 둔다. 공부한 것을 블로그, SNS 등을 통해 공유하고, 자신과 결이 비슷한 이들과 소통하며 함께 성장한다.

어제와 다른 오늘, 오늘보다 나은 내일을 사는 사람들의 공통분모, 바로 끝없는 배움이다. 이제 배우려는 마음, 의지만 있다면 전세계 명강의도 온라인으로 들을 수 있다. 국내에도 평생 배움 시대를 겨냥해 양질의 온라인 강의가 무수히 많다. '뉴 러닝'을 통해 계속해서 자기를 업그레이드해 나가야 위기를 기회로 만들 수 있다.

코로나 팬데믹 이후 쏟아진 각 기관의 리포트를 보면 타격 입은 업종 분야와 수혜 입은 업종에 대한 분석이 나와 있다. 이를 보면 이미 '언택트' 시대가 세상을 덮쳤음을 실감할 수 있다. 동시에 온택트 시장의 광활함과 가능성 역시 체감할 수 있다. 전문가들은 기존에 오프라인과 온라인 시장의 비율이 가령 8:2였다면 이제 2:8로 역전될 것이라 분석한다. 이 시점에서 냉정해질 필요가 있다. 파이가 쪼그라드는 오프라인에 계속 머무르면서 '다시 좋아질 날'만 하염없이 기다리는 사람에게 그런 '좋은 날'은 오지 않는다. 바뀐 패러다임에 적응해 변화를 모색해야 한다. 그러기 위해선 '뉴 러너'가 돼야 한다. '뉴 러너'에게 미래의 불확실성은 두려움이 아닌 설렘이다.

문제는 대다수가 졸업과 동시에 배움을 멈추는 데 있다. 잘 알려져 있다시피 우리나라 학업 성취도는 전 세계 최고 수준이다. 경제협력개발기구가 3년마다 실시하는 국제학업성취도평가PISA에서 우리 학생들은 늘 높은 학업 성취도를 보인다. 그러나 자세히 뜯어보면 과도한 학습 시간을 통해 이룬 '모래성'에 불과하다. 학습 효율성은 뚝 낮아진다. 2019년 안드레아스 슐라이허 OECD 교육국장은 "과외·학원 등을 포함한 오랜 학습 시간, 시험 불안, 자기 효능감 부족 등 현재 대학입시 체제의 의도하지 않은 부정적인 결과가 한국에 많은 부담을 초래하고, 인적 자본을 최대한으로 활용하는 데 장애가 되고 있다"고 지적했다. 평생 배우며 살아가야 할 시대에 눈앞의 성적과 배움의 기쁨을 송두리째 맞바꾸는 꼴이다.

미래학자들은 이미 오래전부터 대학의 종말론을 주장해 왔다. 2030년이 되면 전 세계 대학의 50퍼센트가 문을 닫을 것이란 전망은 오래전부터 나왔다. 대안은 '어디서나 닿을 수 있는 대학' 구축이다. 교육은 점차 개인 맞춤식으로 변화 중이다. 이러한 흐름 속에 세계 최고의 대학인 하버드, MIT도 적극적으로 참여하고 있다. 인공지능은 온라인 강좌를 듣는 학생들에게 맞춤형 학습을 가능케 하고, 수준별 학습도 가능하도록 진화 중이다. 이제 단지 명문대에 들어가기 위해 하는 공부는 의미가 없다. 필요한 걸 스스로 배우는 법을 알아야 한다.

하버드대학의 철학 교수이자 저명한 수학자였던 화이트헤드 Alfred North Whitehead는 『교육의 목적』에서 먼저 "공부 로맨스를 키워야 한다"고 말한다. "교육과정에선 규율과 자유 모두가 필요하지만, 로맨스 단계에서는 언제나 자유에 더 많은 비중을 둬야 한다. 학생이 로맨스 단계로 달려가기 전에 규율을 강요했을 경우 반드시 장애가 나타난다. 로맨스를 구하는 모험심도 없이, 자발성도 무시된 채 습득한 것은 기껏해야 생기를 잃어버린 지식이며, 최악의 경우는 지식도 습득하지 못한 채 결국 관념을 경멸하게 되고 만다." 화이트헤드가 말하는 교육의 목적은 '인간 성장'이다. 경쟁에서 누가 더 잘하는지 줄 세우는 게 교육의 목적이 아니라는 이야기다.

우리는 수학능력시험에서 모호한 질문이 나오면 나라 전체가 들썩인다. '공정'하지 않다는 이유다. 성장이 아닌 경쟁을 위한 교육이다. 서울대 우등생의 87퍼센트가 교수의 농담까지 토씨 하나 안 빠뜨리고 받아적는다고 답했다. 남보다 더 나은 점수를 위해 아이들은 유년기부터 청소년기를 통째로 빼앗긴다. 청소년 자살률은 세계에서 부동의 1위다. 더 참담한 건 청소년 3분의 1이 상시적 자살 충동을 느낀다는 것이다. 우리는 지식만 있고 사유가 없다. 이제 배우는 법을 배워야 한다. 공부와 '썸'을 타고 로맨스에 빠져야 평생 '뉴 러너'로 살아갈 수 있다.

> "큰 배를 만들고자 한다면 사람들에게 나무와 연장을 주고 배 만드
> 는 법을 가르치는 대신 저 넓고 끝없는 바다에 대한 동경심을 키워
> 줘라. 그러면 스스로 배 만드는 법을 찾아낼 것이다."
> **-생텍쥐페리의 『어린 왕자』 중에서**

배움의 기쁨을 알려 주기 위해 부모가 해야 할 네 가지
1. 아이를 먼저 '공부'라는 바다로 데리고 가자

햇살 비치는 바다, 오고 가는 파도 소리, 바다를 가르는 자유, 높은 파도를 타고 넘는 재미를 알려 주자. 어느 날 아이는 저 넓은 바다 너머엔 무엇이 있는지 호기심을 품게 될 것이다. 스스로 나무와 연장을 구하고 배 만드는 법을 터득할 것이다. 더 멀리, 더 깊은 바다로 나아갈 것이다. 『멀리 보는 부모의 용기』의 저자이자 정신과 의사 쉬미 강Shimi K Kang은 조언한다.

> "호기심은 우리 뇌의 도파민 보상 체계를 자극해서 자연스럽게 배
> 움에 대한 내적 동기를 유발한다. 아이들에게 내적 동기를 심어 주
> 는 것이야말로 미래의 성공을 약속하는 '성배'와 같다."

배움이 기쁨이 되기 위한 첫걸음은 어린 시절 호기심을 잃지 않는 것이다. 호기심의 사전적 정의는 '새로운 것을 알고자 하는 마음'이다. 사실 아이들은 호기심으로 똘똘 뭉쳐진 덩어리다. "하늘은 왜 파래요?", "구름은 왜 움직여요?", "비는 왜 와요?" 질문이 꼬리에 꼬리를 문다. 호기심이 클수록 배움에 대한 열망도 커진다. 아이가 호기심을 갖는 대상부터 같이 생각해 보고 대화를 나눠 보자. 아이의 질문에 바로 답하기보다 "왜 그럴까?"라며 아이의 생각을 먼저 물어보는 것이 좋다. 아이에게 스스로 생각하는 시간을 주는 것이다.

이때 부모가 나서서 아이에게 정확한 이론이나 개념을 알려 주는 건 좋지 않다. 『다섯 가지 미래 교육 코드』의 저자 김지영 TLP 교육 디자인 대표는 "아이들이 무언가를 경험하기도 전에 이론이나 개념을 먼저 가르쳐 주면 호기심을 가로막는다."라고 충고한다. 부모는 아이의 질문을 격려하고 아이가 궁금증을 풀어갈 수 있도록 도와주는 역할이면 충분하다. 아이는 세상에 나올 때부터 호기심 대마왕이자 위대한 탐험가로 태어나는 만큼 자기 호기심을 따라 탐험할 시간을 주면 된다.

한때 아들이 공룡에 심취한 시절이 있었다. 옷도, 가방도, 책도, 머릿속에도 공룡밖에 없었다. 틈만 나면 발음하기도 어려운 공룡 이름을 외우고 질문을 해댔다. "이 공룡은 어디 사는 애야? 언제 살았어? 지금은 왜 공룡이 없어?" 나는 불안한 마음에 위인전, 전래 동화책 좀 보자며 아이를 다그치곤 했다. 그러던 어느 날 아이의 관심사는 공룡이 살던 지도로 옮겨갔다. 그러고는 초등학교 1학년 한 학기 동안 세계 지도만 그렸다. 나라별로 형형색색 색칠을 하고, 색종이로 나라를 오려 붙였다. 다음엔 지도에 나라 이름을 쓰고, 국기를 그려 넣었다. 국기 맞추기 게임을 하면서 국가 크기나 인구수에도 눈을 떴다. 내가 의도한 바는 아니었으나, 아이 스스로 호기심을 채워 가면서 배움의 달콤함을 느낀다는 걸 그때 알았다.

2. 아이가 수준에 맞는 공부를 하는지 살핀다

너무 쉬운 것은 아이가 알아가는 성취감을 느끼지 못해 싫증을 낸다. 반면 너무 어려운 건 자신감을 떨어뜨리고 흥미를 잃게 만든다. 배움의 즐거움은 땅이 비옥해지도록 뿌리는 거름과 같다. 메마른 땅에선 큰 나무가 되지 못한다. 아이가 평생 써먹을 자양분을 지금 눈앞에 보이는 성적과 바꾸지는 말자. 뭐든 좋아해야 지속할 수 있다. 아이에게 '평생 배움'의 근육, '배움의 즐거움'을 길러 주자.

가장 좋은 건 조금 어렵지만 노력하면 해낼 수 있을 것 같은 단계다. 몰랐던 걸 알아갈 때 뇌에서는 쾌감을 느끼는 도파민을 분비한다. 아이는 점점 더 어려운 문제에 도전하고 싶어진다. 아이가 문제해결을 힘들어할 때는 답을 알려 주거나 풀이 과정을 알려 주지 말고, 스스로 어느 부분에서 막혔는지 아이의 이야기를 들어보자. 단계별로 아이에게 적절한 도움을 주면서 아이에게 "할 수 있어"라고 격려해 주자. "맞아, 그걸 알아냈네.", "엄마도 그 생각까진 못했는데 좋은 방법이야.", "다시 한번 해 볼까?" 이 과정이 반복되면 아이는 깊은 몰입을 경험하게 된다.

우리나라에 몰입이론을 전파한 황농문 서울대학교 교수는 "몰입만큼 배우는 데 효과적인 것은 없다."라고 확신한다. "몰입 상태가 되면 내 머리가 마치 '슈퍼뇌'가 된 것 같다. 기적 같은 아이디어가 쏟아지고, 기분도 무척 좋아진다. 안 풀릴 것 같던 문제를 풀어내는 경험이 쌓일 때 생기는 자신감이 엄청나다. 도전 정신을 발달시켜 창의성도 좋아진다. 계속 성공하는 경험을 하면 '나는 이긴다'는 믿음이 생기고 능력 있는 사람으로 바뀌는 승자효과winner effect도 나타날 것이다." 몰입 관련한 책을 접한 적이 없다면 꼭 읽어 보기를 추천한다. 아이 교육뿐 아니라 '어른의 공부'에도 큰 도움이 된다.

3. 공부의 과정에 초점을 맞춘다

아이가 문제를 풀다가 틀린 답을 내놓는다고 해도 해결 과정에서 보인 노력과 끈기에 대해 칭찬해 주자. 얼마나 맞혔는지가 중요한 게 아니다. 공부하는 과정에서 무엇을 알게 되었는지 물어보자.

"오늘은 어떤 걸 알게 돼서 좋았어?"

아이들은 학년이 올라가면서 이런저런 평가를 받고, 성취와 좌절을 겪는다. 중요한 것은 자만하지도, 낙망하지도 않는 자세다. 결과를 우선에 둔 아이는 좋지 않은 결과가 나왔을 때 열등감, 무기력감을 크게 느낀다.

과정에 중심을 둔 아이는 최선을 다했고, 그만큼 성장한 데 의미를 부여한다. 그러고는 뚜벅뚜벅 나아간다. 공부는 세상의 중심이 되기 위함이 아니다. 아이에게 '공부란 세상에서 네 중심을 잃지 않기 위함'이라는 것을 알려 주자.

4. 공부하는 부모의 모습을 보여 준다

이제는 유튜브에만 들어가도 들을 수 있는 좋은 강연들이 무궁무진하다. 미국 아이비리그 대학들도 무크Mook를 통해 좋은 강의를 공개하고 있다. 아이들과 함께 배움의 바다로 가자. 배움이 멈추는 순간, 성장은 멈추고 과거에 갇힌다. '최고의 나'를 창조하는 기쁨을 아이와 함께 누리자. 서로 질문하고 배우면서 배움의 동반자로 성장해 가면 어떨까. '행복한 우리 집'은 그 어느 곳과도 비교할 수 없는 '배움의 공동체'로 거듭날 것이다.

 교실 혁명의 주인공, 무크

무크(Massive Open Online Course, MOOC)란 수강 인원의 제한 없이Massive, 모든 사람이 수강 가능하며Open, 웹 기반으로Online 미리 정의된 학습 목표를 위해 구성된 강좌Course라는 뜻이다. 교수-학생 간 질의응답, 토론, 퀴즈, 과제 피드백 등의 학습관리, 학습커뮤니티 운영 등 교수-학습자 간, 학습자-학습자 간 양방향 학습이 가능하다. 대학에서는 아무리 많아도 수강생 수백 명을 넘기 힘든데, 무크에서는 전 세계에서 수십만 명, 심지어 수백만 명이 들을 수 있다.

무크는 미국과 유럽뿐 아니라 한국에서도 전통적 교육방식을 혁명적으로 바꾸고 있다. 11개월이 걸리는 존스홉킨스대학의 데이터과학 특화 과정에는 28만 명이 수강 신청을 했으며, 한국어를 비롯한 10개 국어로 자막이 달린다. 2만 달러 안팎의 학비를 내고 일리노이대학·미시간대학 등에서 온라인 학사·석사 과정을 밟을 수도 있다. 애리조나주립대학은 모든 교양 강좌를 에드엑스EdX로 대체했다. 에드엑스는 하버드와 MIT에서 만든 무크 사이트다.

특히 무크는 가난한 개발도상국에서 대학에 갈 학비가 없는 학생들에게 무료로 우수한 강의를 수강할 수 있게 돕는다. 그뿐 아니라 고등학교, 대학을 졸업한 후에도 교양과 전공 지식을 무크 강의를 통해 쌓을 수 있다. 교육부와 국가평생교육진흥원이 운영하는 케이무크(www.kmooc.kr)는 처음에 대학생들이 시간에 구애받지 않고 수업을 들을 수 있도록 만들었다. 이후 대학생을 넘어서 평생교육을 위해 교양·취업 과목으로 대폭 확대됐다.

케이무크 외에도 네이버와 커넥트재단이 제공하는 에드위드(www.edwith.org)는 외국 대학의 강의를 들을 수 있는 '세계적인 명강의를 한국어로', 영어 학습을 도와주는 '영어가 된다 프리톡' 등이 인기다. 한국교육학술정보원의 국내외 대학과 기관의 공개강의 서비스인 '모두를 위한 열린 강좌 케이오시더블유KOCW'(www.kocw.net), '칸 아카데미'(ko.khanacademy.org)도 있다. 미국과 유럽의 유다시티udacity·코세라coursera·에드엑스edX·퓨처런 FutureLearn 등에 가입하는 것도 좋은 방법이다. 무크와는 조금 성격을 달리하지만 다양한 주제를 가지고 짧은 강연을 하는 프로그램도 많다.(출처-한겨레 '교과서 밖 지식의 바다에 풍덩 빠져볼까요')

창의성의 기초 체력은
충분한 운동과 잠

언젠가 지인의 아이 이야기를 듣고 깜짝 놀랐다. 누가 봐도 부족할 것 없어 보이는 중학생 아이에게 상습 도벽이 있다는 것이다. 학교 성적도 전교에서 상위권을 놓치지 않는 아이에게 무슨 일이 있었던 것일까. 정신과 상담 결과, 학업에 대한 과도한 스트레스 때문으로 나타났다. 초등학교 때부터 학원을 돌며 과도한 선행학습에 내몰렸던 아이는 새벽 1~2시까지 학원 숙제를 하다 잠들기 일쑤였다. 잠잘 시간도 부족하니 운동은 사치였을 것이다. 병원에서는 심리 치료와 함께 운동과 잠을 더 자라는 처방을 내렸다. 잠과 운동 부족은 비단 이 아이만의 문제가 아니다.

아인슈타인이 하루 10시간씩 잠을 자고, 그러고도 낮잠을 즐겼다는 이야기는 유명하다. 이 밖에도 많은 이들이 잠을 자면서 영감을 얻었다. 뇌 정보전달의 원천인 신경전달물질을 처음으로 증명해 노벨의학상을 받은 오토 뢰비Otto Loewi 박사는 실험의 핵심 과정을 잠자는 동안 떠올렸다고 한다. 그는 깨자마자 이른 새벽에 실험실로 뛰어가 실험에 성공했다. 로버트 루이스 스티븐슨은 '지킬박사와 하이드'의 아이디어를 얻었고, 모차르트, 베토벤은 많은 곡의 악상이 잠자는 사이 떠올라 인류에 큰 축복을 남겼다. 폴 매카트니는 어떤가. 꿈속에서 떠오르는 '예스터데이' 선율을 우리 마음에 영원히 남겼다.

잠자는 동안 창의성이 자란다

잠이 삶에 미치는 영향에 비해 우리는 그 중요성을 쉽게 간과하곤 한다. 특히 학창 시절 충분한 잠을 자는 아이들은 얼마나 될까. 잠의 효능을 깨닫게 되면 잠을 줄여서 무언가를 더 잘해 보겠다는 것이 얼마나 어리석은 욕심인지 알게 된다. 잠은 건강은 물론 기억과 정서, 창의성, 문제해결에 절대적이다.

깨어 활동하는 동안 우리 뇌는 깊은 생각에 집중하지 못한다. 뇌는 낮에 받아들인 정보들을 연결하는데, 이 과정에서 새로운 아이디어나 창의적 발상이 만들어진다. 옥스퍼드대학은 수면 부족은 창의성을 죽이지만 숙면은 새로운 문제해결책을 낳을 수 있다고 발표했다. 풀리지 않는 문제에 대해 깊이 생각한 후엔 잠을 자는 것이 좋다고 연구진은 조언했다.

지극히 평범한 사람도 적절한 휴식을 취하면 그전보다 생산성을 높일 수 있다. 나 역시 15년 가까이 기사를 쓰며 살았지만, 책 쓰는 일은 또 다른 차원이었다. 특히 자료조사 후 본격적으로 원고 작성에 들어가니 문자 그대로 머리에서 쥐가 기어 다니는 기분이었다. 불안하고 초조한 마음에 책상에 앉아 있는 시간만 길어졌지 진도는 더뎠다. 머리가 안 돌아갈수록 자리를 박차고 나가 걷고, 뛰고, 목욕이라도 했다. 뇌가 지쳐 집중력이 떨어졌다 싶으면 잠시 '파워 낮잠'을 자는 것도 큰 효과가 있었다.

잠은 기억력과도 밀접한 관계가 있다. 잠자는 동안 뇌에서는 단기기억의 단백질이 응고화 과정을 거치면서 안정적이고 확고한 장기기억으로 형성된다. 아무리 공부를 열심히 해도 이러한 과정을 거치지 못하면 장기기억으로 강화되지 못한다. 장기기억을 담당하는 해마의 활동이 급격히 떨어지기 때문이다. 쥐 실험에서도 잠을 자지 않는 쥐는 해마의 줄기세포에서 신경세포의 생성이 현저하게 떨어지는 것이 관찰된다. 실제로 단어를 외우고 잠을 잔 그룹이 잠을 자고 나서 단어를 외운 그룹에 비해 더 많은 단어를 외운 것으로 나타났다.

그뿐 아니라 감정에도 영향을 미친다. 잠을 못 잤을 때 쉽게 짜증이나 화가 나는 경험을 한 번쯤 해 봤을 것이다. 수면 부족은 감정을 조정하는 전전두엽의 활성화를 떨어뜨려 감정조절에 큰 타격을 입히고, 정서적 불안을 쉽게 일으킨다. 미국 캘리포니아 버클리 캠퍼스의 연구팀에 따르면 잠을 잘 자지 못했을 때 뇌의 감정 중추가 정상보다 60퍼센트 이상 과잉활동을 하는 것으로 나타났다. 불필요한 감정 소모가 크다는 의미다. 주의력, 집중력, 조절력이 떨어지고, 심한 경우 주의력 결핍 증세와 같이 과잉행동이나 폭력적인 증상까지 나타난다.

운동으로 뇌 그릇을 키워라

한편 운동은 집중력과 침착성을 높이고 충동성을 낮추는 등 건강한 삶을 만들어 준다. 2014년 스탠퍼드대학 연구진은 176명을 대상으로 창의력을 측정하는 퀴즈를 내고 앉아 있을 때와 걸을 때의 성적을 비교했다. 그 결과, 걸을 때 창의력이 60퍼센트 향상되는 것으로 나타났다. 러닝머신 위에서 걷든, 실외를 걷든 결과는 같았다. 연구진은 유산소 운동이 도파민, 노르에피네프린 등 뇌 활성 호르몬 분비를 촉진해 스트레스를 줄이고 두뇌 활동을 활발하게 했기 때문이라고 분석했다.

규칙적인 유산소 운동이 지적 능력을 관장하는 해마의 뇌세포를 생성시킨다는 연구도 있다. 미국 국립노화연구소가 2016년 쥐 실험을 한 결과 뇌의 해마 세포들이 유산소 운동을 할 때 더 많이 생산되는 것을 확인했다. 신체활동이 떨어지는 쥐보다 2~3배 더 많이 생성됐다. 뇌 안에 태어나는 해마 뉴런 수는 유산소 운동을 통해 비약적으로 증가한다. 우리 뇌는 생각을 하고 정보를 처리하는 회백질과 정보를 전달하는 백질로 나뉘어 있다. 운동하면 이런 회백질과 백질이 늘어난다. 뇌가 효율적이고 빠르게 처리하는 능력을 갖추게 된다. 어려서부터 운동을 통해 뇌 그릇을 키우는 것이 학원에 앉아 있는 것보다 합리적이고 값진 투자다.

『운동화 신은 뇌』의 저자 존 레이티John J. Ratey 하버드대학 정신의학과 교수는 "온종일 앉아만 있는 한국식 교육은 학생들 뇌를 쪼그라들게 만들 수 있다."고 경고한다. '운동이 학생들의 뇌를 활성화해 공부를 더 잘하게 만든다'는 사실을 과학적으로 입증했다. 대표적 사례가 미국 일리노이주 네이퍼빌 센트럴고 얘기다. 네이퍼빌 고교에서 학생들에게 수업 전에 운동을 시켰더니 2005~2011년 학생들의 수학 성적이 1년 만에 평균 19.1점 올랐다. 같은 기간 운동하지 않은 학생들은 9.9점만 올랐다. 이후 '0교시 운동'은 인근 학교들로 퍼져나갔다. 펜실베이니아주 평균 성적에 못 미쳤던 타이터스빌 학군 학생들도 체육수업을 강화하자 학력평가에서 읽기는 평균보다 17퍼센트, 수학은 18퍼센트씩 높게 나왔다.

충분히 잠자고 운동하는 아이가 멀리 갈 수 있다

잠과 운동 시간을 아껴 성과를 내겠다는 생각은 땅에 묻자. 뇌 발달이 급속하게 이뤄지는 아이들에게 평생 건강과 정서조절 능력, 학습 능력을 앗아가는 것과 같다. 특히 창의성, 문제해결 능력, 감정 조절 능력이 요구되는 미래를 위해 운동과 잠은 어떤 것보다 우선되어야 한다. 아이에게 잠과 운동의 중요성을 마르고 닳도록 깨우쳐 주자. 기본 체력이 길러져야 변화구도 던지고, 후반전까지 지치지 않고 뛸 수 있다.

멀리 가려면 기본기, 체력을 다져야 한다. 미래를 준비하는 가장 확실한 길은 기본기를 충실히 다지는 것이다. 어릴 때 부모가 늘 강조했던 생활 습관은 나이가 들어서도 쉬이 잊히지 않는다. 아이와 함께 운동화를 신고 밖으로 나가 보자. 함께 손을 잡고 느릿느릿 산책하는 것도 좋고, 숨 가쁘게 뛰어도 상쾌하다. 공부에 집중하기 어렵거나 스트레스를 받는 아이에게 이렇게 말해 주자.

"공부가 잘 안 되거나 어려운 문제가 있을 땐 몸을 움직이렴.", "파워 낮잠 어때?" 아이가 충분히 자고 운동을 즐기는 습관을 길러 주자. 기본기가 다져진 아이는 때가 되었을 때 변화구를 자유자재로 구사하게 될 것이다. 좋은 습관이 좋은 인생을 만든다.

'협력하는 괴짜'로
키워라

시대를 바꾼 혁신가들의 삶을 보면 공통점을 발견할 수 있다. 바로 '협업'이다. 혁신가들은 협업을 통해 각자의 아이디어를 발전시키고 부족한 부분을 채웠다. 희대의 천재 개발자 스티브 워즈니악Steve Wozniak은 "내가 무언가 멋진 걸 만들면 스티브는 그걸로 돈을 벌 방도를 마련했다. 내 컴퓨터를 멋지게 선보여 팔아보자고 생각한 건 스티브였다"고 말했다. 전기 전문 작가 월터 아이작슨Walter Isaacson은 『이노베이터』에서 독특하면서도 강력한 그들의 파트너십에 대해 이렇게 평가했다. "판다처럼 생긴 워즈니악은 천사 같은 순둥이였고, 하운드 견처럼 생긴 잡스는 악마 같은 투지가 넘치는 최면술사였다."

AI 시대에는 여러 직무, 특히 단순 반복적인 일을 인공지능과 로봇이 대체한다. 그러면 인간은 무엇을 해야 할까? 지루하고 반복적인 일을 로봇이 한다면 인간은 창조적이고, 감성적이며, 재미있는 일에 집중할 수 있다. 4차 산업혁명 시대에는 로봇이 힘들고 반복적인 노동을 대신하고, 인간은 창조적인 일을 하며 인간과 로봇이 공존하게 될 것이다.

그렇다면 교육의 방향성은 뚜렷해진다. 창조성과 감성을 갖춘 인재를 키우는 것이다. 창의성 발현을 위해서도 협업 능력은 필수적이다. 창조는 연결에서 나오기 때문이다. 대개 창의성이 뛰어난 이들은 남과 어울리지 못한다는 인식이 있지만 융합과 협력이 중요한 4차 산업혁명 시대에는 혼자 성공할 수 없다. '협력하는 괴짜'가 되어야 한다.

앞으로는 협업이 필수다

창조와 혁신은 어느 날 하늘에서 뚝 떨어지는 것도, 땅에서 솟아나는 것도 아니다. 월터의 말을 더 들어보자.

"혁신은 고독한 천재의 머리에서 전구가 반짝 켜지는 순간보다는 팀에서 나오는 경우가 훨씬 많다. 과학 혁명, 계몽주의, 산업 혁명 모두 협업을 위한 제도가 있었고, 아이디어를 공유할 네트워크가 있었다. 그러나 그 말은 디지털 시대에 훨씬 더 잘 들어맞는다."

잡스는 '독재자'로 불리던 리더였지만 다양한 사람들의 만남에서 아이디어가 나온다는 사실을 잊지 않았다. 그는 컴퓨터 애니메이션

영화 스튜디오인 픽사를 인수하고 새 본부를 설계하면서 협업 강박에 시달렸다. 직원들이 우연히 만날 수 있도록 건물 구조를 설계하고, 화장실 위치까지 챙겼다고 전해진다.

창조와 혁신을 위해 협업은 필수다. 그러나 협업이 말처럼 쉬운 게 아니다. 다들 그런 경험이 있을 것이다. 팀별 과제를 하는데, 누구는 무임승차하고, 열심히 하는 사람은 정해져 있고, 점수는 똑같이 받는 일 말이다. 실제 기업에서도 협업이 오히려 조직의 성과를 저해한다는 조사 결과가 나오기도 했다. 이는 협업에 대한 준비가 철저히 되지 않아서다. 협업 경험과 문화가 뒷받침되지 않은 상태에서 팀 프로젝트를 진행하면 백전백패일 수밖에 없다.

이찬 서울대 경력개발센터장의 이야기는 이 같은 교육 현실을 뼈아프게 꼬집는다. "서울대 입시 성공기는 많은데 서울대생의 취업 성공기는 많지 않다. 서울대생은 쉽게 취직할 것으로 생각하지만 이들도 좌충우돌한다.

기업은 협업할 수 있는 사람을 원한다. 리더 역시 협업을 가능케 하는 사람이다. 그런데 우리는 경쟁하며 학습했다. 협업을 배울 기회가 없었다. 요즘 소통 능력, 창의력, 정보 선별 능력에 관해 이야기하는데 이는 협업이 전제될 때 극대화된다."

미래학자 정지훈 경희사이버대학교 교수는 "통섭형, 협업형, 네트워크형 인재가 흥할 것"이라면서 "인간성이 좋아야 살아남는다"고 조언한다.

"다양한 영역을 재결합, 재조합하여 혁신적인 아이디어를 끌어내야 하는 세상입니다. 그러기 위해선 협업을 해야 하는데 협업은 인성이 중요합니다. 재수 없는 사람과 협업하고 싶으신가요? 아니지 않나요? 새로운 관계를 받아들일 수 있는 유연함이 있어야 합니다. 혼자선 아무것도 할 수 없어요. 작은 혁신으로 세상을 바꿀 수 있는 지금, 개개인의 특장점을 살려 협업하는 인재가 돼야 해요."

협업 능력을 키우는 법 네 가지

협업 능력을 키워 주려면 어떻게 해야 할까?

첫째, 가장 중요한 것은 자기가 맡은 역할을 제대로 해내는 것이다. 협업의 가장 기본 원칙이다. 제 역할을 다하지 않는 팀원은 팀에 굉장히 부정적인 영향을 끼친다.

둘째, 생활 속에서 가족끼리 상의하고 협력하는 경험을 키워 주자. 여름 휴가를 어떻게 짤지, 대청소 분담은 어떻게 할지 등 아주 사소한 일도 아이들의 의견을 듣고 참여시키는 것이 좋다.

셋째, 친구들과 함께 어울리는 자리를 많이 만들어 주자. 새로운 사람과 만나 스스럼없이 소통하는 경험이 많을수록 좋다.

넷째, '다른 것'이 '틀린 것'은 아님을 가르쳐 줘야 한다. '다름'이 가지는 힘은 굉장히 세다. 의견이 다를 때는 조율해 나가는 경험을 해 봐야 한다. 그럼에도 갈등이 생겼을 때 스스로 해결해 내는 경험을 하게 한다. 독서를 통해 간접적으로 갈등 해결 능력을 키워 보는 것도 좋은 방법이다. 상황 속 인물이 되어 문제를 바라보고, 나라면 어떻게 갈등을 풀어갈지 대화를 나눠 본다.

공부방법도 달라져야 한다. 전 세계 각계각층에서 두각을 나타내는 유대인들은 함께 공부한다. 이들은 도서관에서도 시골 장터보다 시끄러울 정도로 대화하며 공부한다. 자신이 익힌 것을 말로 설명하고, 상대방의 질문에 답하고, 토론하면서 원활한 소통법을 배운다. 동시에 상대방의 논리를 이해하고 반박하기 위해 경청하는 습관을 함께 기른다.

혼자 학원에 가거나 인터넷 강의를 보며 반복해서 문제 푸는 공부법보다 마음 맞는 친구들과 함께 공부하는 그룹을 만들면 좋다. 발제하고, 질문하고, 답하고, 토론하는 공부법을 시작해 보자. 지금 당장 함께 공부할 수 있는 학습 친구를 찾아보자. 그리고 팀 프로젝트 과제를 귀찮게 생각하지 말고, 협업 능력을 키울 최고의 기회로 삼아 보자. 장기적으로 미래 사회를 준비하는 공부법이다.

아이에게 가르쳐야 할 마인드

아이에게 '배워서 남 주고', '벌어서 나누는' 삶의 기쁨을 알려 주자. 속없이 베풀기만 하는 아이가 지금 당장은 실속 없어 보이겠지만, 긴 호흡으로 보면 그만큼 '남는 장사'도 없다.

살다 보면 뭘 해도 안 풀리는 순간을 맞기도 하고, 누구나 부러워하는 성공을 거머쥐기도 한다. 힘들 때 힘이 되는 것도 사람이고, 성공을 함께 기뻐해 주는 것도 사람이다. 성공의 길에 질투와 시기, 비난만 날아든다면 진짜 성공이라 볼 수 있을까. 팀, 조직의 발전을 위해 기꺼이 기여하고 헌신할 수 있어야 그 안에서 나도 성장한다. 혼자 잘난 사람이 아니라 함께 일하고 싶은 사람이 멀리, 길게 간다.

협업을 잘하는 사람이 실제 보상도 많이 받는다. 전문가들은 협업이 잘 이뤄지지 않는 가장 큰 이유로 내게 돌아오는 이득이 없어서라고 봤다. 그 때문에 기업은 협업을 원활히 하기 위한 장치로 보상 체계를 만드는 데 심혈을 기울인다. 기업 입장에서 협업은 생존의 문제이기 때문이다. 미국의 고어W. L. Gore & Associate에선 한 구성원에 대한 업무평가를 해당 업무와 관련된 20명의 동료가 맡는다. 360도 다면평가제다. 리더 선발도 팀원들이 회의를 거쳐서 한다. 팀원들의 협력을 잘 끌어내는 사람이 리더를 맡는다. 실적, 성과에 따른 인센티브가 아니라 조직에 얼마나 기여했는지가 연봉을 결정한다. 함께 가는 것이 능력이다.

협업도 결국 사람 사이의 관계 문제다. 인간관계의 뿌리는 이타심에서 비롯된다. 다른 이에게 마음을 쓰라는 것이다. 뿌린 만큼 돌려받는 게 인생이다. 기독교에서는 "무엇이든 남에게 대접을 받고자 하는 대로 너희도 남을 대접하라"고 이른다. 다른 종교에서도 다르지 않은 가르침을 준다. 달라이 라마는 "남들이 행복하기를 원한다면 자비를 베푸십시오. 또 당신이 행복하기를 원한다면 자비를 베푸십시오."라고 말했다.

인류의 위대한 가르침에도 불구하고 대부분은 자기 앞가림하며 잇속 챙기기에 바쁘다. 남을 돌아볼 여유가 없다. 가장 이타적인 것이 가장 이로운 결과를 가져온다는 비밀을 아이에게 알려 주면 좋겠다. 관계는 남을 위하는 것으로부터 시작된다. 남을 위하는 것이 궁극적으로는 나를 위한 것이다.

우리는 지금 급격한 기술 변화의 한가운데 있다. 인공지능, 빅데이터, 스마트팩토리와 같은 기계들은 인간의 능력을 시시각각 시험한다. 기계는 똑똑하지만 마음이 없다. 감정이 없다. 사람과 진심으로 소통할 수 없다. 감동도 없다. 이러한 기계에 대체되지 않는 확실한 무기는 사람됨이다. 함께, 더불어 사는 삶의 기쁨을 아는 아이가 멀리 가고, 오래 가고, 행복하게 함께 간다. 사람의 마음을 얻는 자, 천하를 얻는다고 했다. 어릴 때부터 이타심, 배려심을 가르치는 것이 아이의 삶에 이롭다는 것은 두말할 필요가 없다.

호모루덴스 시대,
잘 놀아야 잘 산다

놀이는 인간의 본능이다. 배고프면 먹고, 졸리면 잠을 자듯, 놀이에 대한 욕구도 채워져야 한다. 『멀리 보는 부모의 용기』 저자 쉬미강 정신의학과 박사는 20년 가까이 ADHD 증상을 가진 아이들을 상담하면서 이런 결론에 도달했다.

"가정과 학교에서 놀이 시간을 빼앗긴 아이들이 종종 '행동 장애' 또는 '반항 장애'라는 판정을 받는 경우가 증가하고 있다. 그런 아이들을 격려하고 행동을 제한하는 것은 문제를 더욱 악화시킬 뿐이다. 놀이 본능을 억압하면 신체뿐 아니라 정신적 문제가 발생한다. 정신적으로 불균형한 상태가 지속되면 사춘기가 되었을 때 우울증, 불안, 약물 남용, 자해를 포함한 다양한 형태의 부적응 행동이 나타날 수 있다."

놀이활동가 편해문 씨는 "아이들에게 놀이는 밥"이라고 목소리를 높인다. "'놀이밥'을 충분히 먹은 아이는 두세 시간씩 스마트폰에 빠져 지내지 않는다. 학교 폭력, 왕따, 이런 것들은 아이들이 교실, 집에 갇혀 있기 때문이다. 닭장 속 닭처럼 아이들이 스트레스를 풀 공간이 없다. 그만큼 게임과 같은 디지털 중독에도 취약해질 수밖에 없다. 아이들을 풀어줘야 한다." 놀이를 통해 아이들은 부정적인 감정을 털어낸다. 아이들은 스스로 깨닫지 못하고 쌓여 있었던 내면의 불안이나 분노, 갈등을 해소한다. 아동심리 상담가들이 놀이 치료를 하는 이유다. 아이들은 놀면서 자신의 감정을 표현한다. 놀이는 스트레스를 견디는 힘을 기르는 시간이다.

잘 노는 것이 중요한 이유

놀이는 삶의 축소판이다. 우리가 어릴 적 많이 했던 땅따먹기 놀이를 떠올려보자. 땅을 따먹기도 하고, 뺏기기도 한다. 금을 밟으면 죽기도 했다가 다음 판에 살아나면서 좌절과 성공, 실패와 극복, 경쟁과 협동을 배운다. 약자를 위한 배려도 배운다. '고무줄놀이'에는 '깍두기'가 있다. 대개 고무줄을 잘 못하는 아이가 '깍두기'다. 깍두기는 양편 모두 고무줄을 하면서 실력을 키운다. 고무줄은 무릎에서 시작해 성공하면 허벅지, 허리, 배, 어깨, 머리, 그 위로 올라간다.

놀이엔 고비마다 그 한계를 넘어 다른 세계를 넘는 지점들이 있다. 안 되면 될 때까지 연습하면서 끈기와 인내심, 자신감도, 긍정의 힘도 얻는다. 시간 가는 줄 모르는 몰입을 경험키도 한다. 책으로는 배우기 힘든 살아 있는 경험이다. 그렇게 삶의 자잘한 근육이 키워진다.

국립놀이연구소를 설립한 정신과 전문의 스튜어트 브라운Stuart Brown 박사는 26명의 남성 살인자를 연구했다. 그 결과, 이들의 공통점을 발견했는데, 어린 시절 놀이를 경험하지 못했다는 점이다. 그에 따르면 어린 시절 잘 놀지 못한 사람은 사회성과 자존감, 질서의식 등을 제대로 형성하지 못했다. 브라운 박사는 실제 이를 뒷받침하는 실험 연구를 TED 강연에서 소개했다.

뇌 신구조와 대뇌 피질 구조가 인간과 가장 비슷한 어린 쥐들을 두 그룹으로 나눴다. 그리고 한 그룹은 못 놀도록, 다른 그룹은 자유롭게 놀도록 했다. 쥐들이 성장한 뒤 고양이 냄새가 나는 물건을 가까이 두자, 두 그룹 모두 안전한 구멍으로 도망갔다. 그러나 놀랍게도 놀아본 쥐들은 곧장 밖으로 나와 주변을 탐색했다. 반면 놀지 못한 쥐들은 끝까지 나오지 않았다.

놀이는 대뇌 전두엽의 발달에 직접적인 영향을 미친다. 인간의 발달단계에서 가장 늦게까지 형성되는 전두엽은 서로 무관해 보이는 정보들로부터 연관성을 찾아내고, 목표를 세우고, 추상적 개념을 이해하고, 의사결정을 하고, 감정과 생각을 확인하고 정리하며, 욕망을 자제하고, 계획을 세우는 등 수준 높은 사고력을 담당한다. 아이들은 놀기 위해 몸을 움직이면서 동시에 생각한다. 그때 뇌세포 생성을 촉진하는 뇌신경 재생인자 단백질이 생성된다. 이를 통해 뉴런의 새로운 연결이 만들어진다.

소뇌의 크기 역시 놀이 시간에 비례했다. 소뇌는 가장 많은 뉴런이 모여 있는 부위로, 뇌의 다른 부분이나 척수로부터 정보를 받아서 운동 기능과 평형감각을 조절할 뿐 아니라 감정, 주의력, 언어 습득과 같은 중요한 인지 기능에 영향을 미친다. 놀이 부족은 수면 부족만큼이나 뇌 건강에 치명적이다. 특히 뇌가 빠르게 발달하는 시기의 아이들에게 더 심각한 영향을 미친다. 놀아야 할 시기의 아이들에게 한글, 숫자를 가르치는 건 아이가 평생 지니고 살아갈 뇌의 발달과 맞바꾸는 일이다.

코로나19 이후 급작스레 체감하게 된 4차 산업혁명에 우리나라 교육계는 빠르게 변신 중이다. 그중 특히 눈에 띄는 건 '놀이'의 몸값이다. 수년 전 발간된 놀이 관련 책이 역주행하는가 하면 학원가도 교육에 '놀이' 코드를 접목하느라 분주하다. 일찍이 영국, 독일, 핀란드 등 선진국들은 놀이의 중요성을 깨닫고 아이들의 놀이를 국가적으로 지원해 왔다. 이유는 명확하다. 국가의 미래는 물론 아이들의 행복이 걸린 문제이기 때문이다. 단순 지식을 암기해서는 시시각각 새로운 세상에서 발생하는 문제를 해결할 수 없다. 답이 없는 문제에서 자기만의 방식으로 답을 찾아가는 힘이 요구된다.

놀이는 미래를 헤쳐나갈 역량을 기르는 최고의 도구다. 창의성, 소통, 협동, 리더십, 자존감, 끈기, 인내 등 살아가는 기술이 다 녹아 들어 있다.

잘 노는 아이로 키우는 법

아이에게 가장 좋은 놀이는 스스로 만들어가는 놀이다. 유대인 부모는 아이에게 장난감을 사 주지 않는다. 고장 난 가전제품, 재활용품, 주방 도구 등 눈앞에 보이는 모든 게 장난감 재료가 된다. 어릴 때 장난감 없이 자란 아이는 가위와 풀, 종이만 갖고도 종일 놀 수 있다. 자신만의 상상력으로 박스, 막대기, 실, 돌멩이, 그 무엇이든 세상에 하나밖에 없는 장난감을 만든다. 빼곡한 설명서가 첨부된 장난감은 아이의 창의력에 도움이 되지 않는다. 실제로 미국 한 연구팀이 아이들을 대상으로 실험을 했다. 아홉 가지 기능이 있는 장난감을 주면서 한쪽에는 기능 네 가지를 알려 줬고, 다른 쪽은 알려 주지 않았다. 그랬더니 장난감 기능을 알려 주지 않은 쪽 아이들이 훨씬 더 다양한 방식으로 장난감을 가지고 논 것으로 나타났다.

아이가 잘 놀기 위한 두 번째 준비물은 '심심한 시간'이다. 아이들에게는 '멍' 때리는 시간이 필요하다. 그래야 뭘 하고 놀아 볼까, 탐색하고, 머리를 굴리고, 새로운 걸 생각해 낸다. 놀이는 비단 아이들에게만 필요한 것이 아니다. 입시가 본격화되는 중고등학교 시기에도 놀이는 필요하다. 이들을 위해 어른들이 놀이 공간을 만들어 줄 필요는 없다. 그저 옆집 아이와 내 아이의 비교를 멈추고, 불안을 내려놓으면 충분하다. 지금도 기억이 또렷하다. 헌 자전거 한 대를 타고 동네 곳곳을 누볐던 그때 얼굴에 닿았던 바람은 시원했다. 날이 저물도록 놀았던 그 시절은 지금껏 삶을 지탱하는 기초 근육으로 남아 있다. 다들 학원 가기 바빠서 놀이터에서 노는 아이가 없다면? 내 아이가 친구를 기다리는 첫 아이가 되면 좋겠다.

놀이는 그 자체가 목적이 돼야 한다. '놀이를 가장한 교육'이 되지 않아야 한다는 말이다. 뭘 가르치려 하지 말고 아이의 눈높이에서 같이 놀아 보자. 늘 목표 지향, 생산 지향적인 부모 밑에서 자란 아이는 노는 법을 배우지 못한다. 일 중독자가 일하지 않는 시간에 죄의식을 느끼는 것처럼 말이다. 아이가 항상 무언가에 쫓기며 살아가길 바라는 부모는 없을 것이다. 일과 삶의 경계가 무너지면 삶이 망가지게 마련이다. 심리적 압박에 신경과민, 우울증, 불안을 안고 살며 가족관계, 건강도 나빠지는 경우가 많다. 미국의 세계적인 경제학자이자 문명비평가 제레미 리프킨이 예견했던 '노동의 종말' 시대를 살아가기 위해서라도 놀이는 필수다.

놀이는 특히 '아빠 효과'를 톡톡히 볼 수 있는 영역이다. 아빠의 놀이는 엄마의 놀이와 사뭇 다르다. 뛰고 뒹굴고 구르고 던지고 시끄럽다. 남편이 퇴근하면 아들과 자주 하는 놀이가 있다. '칼과 방패 놀이'다. 무늬만 '칼과 방패 놀이'일 뿐, 칼과 방패를 버리고 몸싸움으로 가기 일쑤다. 남편은 아이를 놀리고, 때론 아슬아슬하게 져 주기도 하면서 아이와의 시간을 즐긴다. 『아빠 노릇의 과학』을 쓴 과학 저널리스트 폴 레이번은 "아버지와 함께할 때 얻는 가장 장기적인 성과는 사회성 발달"이라고 말한다. 아빠들의 '거친 몸싸움 놀이'가 아이들의 사회성을 기르는 데 지대한 영향을 끼친다는 것이다. 실제로 한 연구진이 유치원에서 가장 인기 있는 아이를 조사해 보니, 그 아이는 평소 아빠와 과격한 신체 놀이를 자주 한 것으로 나타났다.

직장 일이 바빠 함께 할 시간을 내기 힘들다면 통화로 원격 놀이를 해 보자. "뭐하니?", "숙제는 다 했니?", "학원 갔니?" 이런 질문은 아이에게 잔소리다. "오늘은 어떤 재밌는 일이 있었어?", "제일 좋았던 친구는 누구였어?", "오늘 제일 하고 싶은 건 뭐야?" 질문 하나 바꿨을 뿐인데, 아이는 통화를 하면서 자기가 즐거운 일, 좋아하는 친구, 행복한 계획 등을 떠올린다. 아이와의 물리적 거리를 심리적으로 좁히는 놀이다.

아이와의 원격 놀이를 성스러운 '리추얼ritual'로 만들어 보자. 서로의 목소리에 귀를 기울이면서 상대의 마음속에 들어갔다 나오는 의식을 매일같이 해 보자. 아이가 부모의 전화를 반갑게 받아 주는 (?) 시간은 길지 않다. 하루에 5분, 10분 주고받은 대화 놀이는 힘이 세다.

삶에는 결과만 있는 게 아니다. 기쁨과 슬픔, 영광과 상처, 성공과 실패, 그 사이에 알알이 과정이 있다. 모든 사람이 물질적 풍요를 누릴 수는 없겠지만, 저마다의 행복한 삶을 찾을 수는 있을 것이다. 그래서 놀이가 필요하다.

김용택 시인이 강조하는 말이 있다. "놀아야 잘 산다." 지금 당장은 책상 앞에서 공부하는 아이가 앞서가는 것처럼 보인다. 그러나 길게 보면 행복은 돈, 큰 집, 좋은 차, 사회적 지위, 이런 것들에 있지 않음을, 우리는 이미 알고 있다. 사회가 정한 틀 안에서 맞춰 산다는 건 꽤 고단한 일이다. 자족하지 못하면 늘 위를 보며 무언가를 쫓으며 살아야 한다. 행복이란 파랑새를 늘 쫓아만 다닌다. 놀이는 세상에서 가장 손쉽게 나를 만족시키는 확실한 방법이다. 어른이 되어서도 놀이를 등한시하면 안 되는 이유다.

놀이를 통해 삶의 재미를 찾고, 인생의 과정을 채우는 법을 배워야 한다. 삶을 놀이란 모자이크로 채워가자. 쓰레기 분리수거, 빨래 널기도 아이와 함께 놀이처럼 해 보면 어떨까. 청소와 빨래도 함께 놀이하듯 하면 즐겁다. 아파트에서 층간소음 때문에 뛸 수 없다면 아이의 손을 잡고 동네 한 바퀴를 돌아보자. 좋지 아니한가. 행복은 엄청난 한 방에 있지 않다. 순간, 그 찰나의 자지러지는 웃음이 쌓여 행복한 인생을 만든다. 어린 시절 자유롭게 뛰노는 기억은 아이가 평생 가지고 갈 보물이다. 하루 1분, 5분, 10분 놀이가 아이를 꽃피운다. 당장 오늘부터 함께 놀아 보자. 부모의 삶에도 변화가 스며든다.

 다른 나라 아이들은 어떻게 놀까?

중국

올림픽만 하면 금메달을 휩쓸고, 수많은 예술 창작 활동이 활발한 중국인의 저력은 어릴 때부터 배우는 다양한 놀이 프로그램에 있다. 중국에서는 자녀들에게 음악, 미술, 무용 등의 기초를 가르치는 것을 중요하게 여긴다. 한국처럼 무조건 '재능 계발'에 치우친 것이 아니라, 놀이를 통해 자연스럽게 예술적 감성과 체육 활동이 몸에 배도록 하는 것이 특징이다.

'작은 원숭이'는 리듬감을 익히는 신나는 체조 놀이다. 엄마와 아이가 마주 선 뒤 원숭이를 흉내 내면서 뛰기, 흔들기, 구르기, 손뼉 치기, 긁기 등 다양한 신체 활동을 자연스럽게 놀이로 익히는 것이다. 신체 부위를 익히고 다양한 소근육을 자극하는 데 큰 도움이 된다. 노래를 통해 '손 놀이'를 즐기기도 한다. 일상에서 쉽게 볼 수 있는 물건을 손에 올려놓으면서 엄마가 먼저 말과 함께 동작을 선보인다. "만두를 빚어요", "채소를 볶아요" 등 주제도, 소재도 다양하게 정할 수 있다.

핀란드

핀란드 유치원에서는 글과 숫자 공부를 하지 않는다. 오직 놀이로 배우고, 집중력을 높인다. 지나치게 추운 날씨가 아니면 되도록 야외 놀이를 적극적으로 권장하는데 자기만의 방식대로 자연에서 자유롭게 놀수록 집중력과 책임감이 증가한다는 믿음 때문이다. 나이에 맞는 음악을 가지고 아이들이 연극을 꾸미도록 하는 것이 대표적이다. 가정에서도 부모가 함께 놀아 주는 것보다 아이가 무엇을 하고 놀지 스스로 선택하고, 자유롭게 놀이를 전개하도록 하는 분위기다. 이것이 핀란드를 세계 최고의 교육 강국으로 만든 원동력이다.

독일

독일의 교육은 자연 친화적이고 실제 상황에 맞는 생활 중심의 교육으로 유명하다. 순수 학문에 대한 존경과 이해가 깊은 나라답게 기본 인성 교육은 물론 학문과 실제 경험을 연결하는 놀이를 즐긴다.

'자기 몸 알기'는 노래를 통해 각 신체 기관을 직접 만져 보고 각각의 역할을 익히는 놀이다. 아이가 좋아하는 노래를 틀어 주고 엄마가 "나의 손은 무엇을 할 수 있나요?"라고 물으면, 아이가 손으로 할 수 있는 다양한 행동을 할 수 있도록 유도하는 방식이다. 시간 개념을 익히는 놀이도 있다. 작은 원을 그려 아이가 원 안에 들어가도록 한 뒤, 엄마가 "토끼야, 지금 몇 시니?"라고 묻는다. 아이가 "2시란다"라고 말하면 말한 시간만큼 앞으로 나간다. 12시가 되면 토끼는 원 안에서 나올 수 있다. 자연스럽게 숫자와 시간 개념을 익힐 수 있는 놀이다.

미국

미국 사람들의 특징은 자신의 의사와 취향의 표현이 자유롭고 분명하다는 것이다. 이는 놀이교육에서부터 시작된다. 서너 살짜리 아이도 무엇을 하고 싶은지, 무엇이 필요한지를 정확히 표현하고 스스로 행동할 수 있도록 확실하게 가르친다. 따라서 행동 중심의 놀이가 많다.

'도깨비 손 권투'는 몸을 크게 움직이는 미국의 대표적인 놀이다. 긴 나무 막대기 끝에 장난감 권투장갑이나 수건을 말아 엄마와 아이가 하나씩 나눠 갖는다. 그리고 1미터 거리를 둔 뒤 낮은 의자 위에 올라간다. 막대기를 이용해 상대방을 먼저 떨어뜨리는 사람이 이기는 놀이다. 엄마는 과장된 액션이나 소리로 아이에게 놀이에 대한 흥미를 끌어올린다. 엄마와 일대일로 게임을 하므로 판단력과 행동력을 키우는 놀이로 제격이다.

이스라엘
이스라엘의 유대인들은 창의력 교육을 매우 중요시한다. 따라서 다양한 재료를 자유롭게 만지면서 감성과 지능을 발달시키는 놀이교육을 선호한다. 생활에서 흔히 접하는 물건을 직접 만져 보고 느껴 보는 놀이가 많다. 마른미역을 손으로 비비거나 잘라 보면서 질감이나 냄새, 손끝의 촉감을 느껴 보고, 미역을 물에 담가 변하는 과정을 관찰한 다음 물미역을 유리 등에 던져 물 때문에 점성이 생긴 미역의 성질을 파악하는 식이다. 손끝을 자극해 지능을 발달시키고, 물질의 본성을 파악해 다양하게 활용하는 능력을 키운다.

사물의 특징을 파악해 분류하는 놀이도 있다. 큰 책과 작은 책을 구분하거나, 표지가 두꺼운 책, 표지가 얇은 책을 구분하기도 한다. 단순한 놀이 같지만 사물의 성질을 표현하는 언어를 자연스럽게 습득하고, 이를 눈으로 확인하는 과정을 동시에 수행할 수 있다. 이 놀이는 모든 사물에 적용할 수 있는 것이 장점이다. 관찰력을 길러 주고, 사고력과 판단력, 수리력을 키울 수 있다.(출처- 우먼센스, '잘 노는 아이가 성공한다)

문제를 발견하고
해결하면서 배운다

　'세상에서 가장 비밀스러운 사립학교'로 불리는 곳이 있다. 홈페이지나 전화번호가 없어 견학은 물론 입학 상담 자체가 불가능하다. 학부모들도, 학교 선생님들도 내부 이야기를 발설하는 법이 없다. 알려진 건 단지 남부 캘리포니아의 한 주택가에 있고, 이름이 '애드 아스트라Ad astra'라는 것뿐이다.

　철저하게 베일에 가려진 이곳은 2020년 피터 디아맨디스 X프라이스재단 회장이 방문할 기회를 얻으면서 일부 모습이 공개됐다. 수업은 전통적 방식을 허물었다. 학년 구분이 없고, 학생들이 정한 주제에 대해 '팀 프로젝트' 방식으로 공부한다. 숙제는 거의 없으며 성적도 매기지 않는다. 교과과정도 매년 바뀌고, 그중 절반은 학생들 스스로 결정한다. 우주탐사, 환경정책 등 특정 주제를 정해 집중적으로 연구하는 식이다.

이곳에서는 특히 공학, 수학, 윤리 교육에 집중한다. 컴퓨터가 실시간으로 번역할 날이 올 것으로 생각하기 때문에, 언어는 따로 가르치지 않는다. 대신 컴퓨터 프로그램을 만드는 데 쓰이는 다양한 '코딩 언어'를 배운다. 배운 걸 토대로 스스로 웹사이트를 만들어보기도 한다. 인공지능과 로봇에 대해서도 배운다. 낸시 허트조그 워싱턴대학 교육심리학 교수는 "의문에 바탕을 둔 교과과정은 학생들에게 흥미를 추구하고, 맥락을 파악하고, 문제를 해결하기 위한 기초적인 기술을 습득할 기회를 준다."라고 평가했다.

'애드 아스트라'의 특별한 교육법

이 학교는 스페이스X와 테슬라 최고경영자CEO이자 실리콘밸리의 '괴짜 과학자'로 불리는 일론 머스크Elon Musk가 2014년에 세운 학교다. 그는 당시 한 언론사와의 인터뷰에서 "지금의 학교에서는 필요한 것을 전혀 가르치지 않는다"라며 기존 학교 교육 시스템을 정면으로 비판했다. 여섯 아이의 아빠이기도 한 머스크는 자녀들을 유명 사립학교에서 자퇴시키고, 자신이 직접 만든 이 비밀학교에 보내고 있다. 21명으로 출발한 이 학교는 현재 약 40여 명의 학생이 다니고 있다.

일론 머스크는 베이징 TV와의 한 인터뷰에서 문제해결 방법을 가르쳐야 한다면서 이런 말을 했다.

"문제해결 방법을 가르치는 것, 그리고 도구가 아니라 문제에 대해 가르치는 게 중요합니다. 예를 들어 엔진 작동법을 사람들에게 가르친다고 해봅시다. 전통적 접근법은 '드라이버와 스패너에 대한 모든 것을 가르쳐야 하지만 이건 너무 어려운 방법입니다. 훨씬 더 나은 방법은 이렇습니다. '여기 엔진이 있는데, 이제 이걸 분해해 볼까요? 아, 드라이버가 필요하네요.' 이때 두 가지 중요한 일이 일어납니다. 공구들의 관련성이 분명해지고, 학생들은 학습 목적을 깨닫게 됩니다. 자신이 뭘 배우는지 인지하는 것이죠."

그 어떤 '일타강사'에게 엔진에 대한 강의를 듣는다 한들, 엔진을 직접 분해해 보며 익히는 것과 비교할 수 있을까. '애드 아스트라' 학생들은 직접 문제를 발견하고, 이를 해결하는 법을 스스로 찾아간다. 직접 만들고, 실패의 원인을 찾는다. 수정 보완을 거듭하며, 성공에 이르는 과정에서 실질적 지식을 배운다. 선생님은 이 과정에서 학생들의 '코치' 역할을 자처한다. 아이들이 마주하는 어려움이 무엇인지 듣고, 해결의 실마리를 함께 찾아 나간다. 학교는 학생들의 그 어떤 도전도 기꺼이 환영하며, '치어리더'가 된다. 가령 로봇 대회에서 "화염 방사기나 전자기 펄스 기술을 사용해도 되냐"고 물어보는 학생들에게 학교는 이렇게 응답한다. "학교가 부서지기 전까지는 모든 게 가능하다."

아직 졸업생이 없어 이 학교와 교육 방식의 성공 여부는 평가하기 어렵다. 과연 이 학교를 졸업한 아이들은 다가올 미래를 어떻게 바꿀까. 하나 확실한 건 일론 머스크의 말대로 '학교에서 반드시 배워야 할 것들을 일반 학교에서 가르치고 있지 않다는 것'이다. 우리는 모두 알고 있다. 모두 다른 아이들에게 똑같은 내용을 가르치고, 시험을 통해 일렬로 줄을 세우는 방식에서 벗어나야 한다는 것을.

기술 발달이 가져올 교육의 미래

이미 세계 유수의 사립학교들은 미래를 대비한 교육 방식으로 빠르게 탈바꿈하고 있다. 우리 공교육이 이와 같은 변화에 기민하게 반응하지 않으면 교육 불평등으로 인한 양극화는 지금과 비교할 수 없을 정도로 커질 수밖에 없다. 주입식 교육으로는 엄청난 양의 빅데이터로 24시간 학습하는 인공지능을 결코 이길 수 없다. 실제 문제를 해결해가는 데서 알아가는 지식이 진짜 '알뜰하고 쓸모 있는 지식'이다. 머스크는 이를 일찌감치 간파한 것이다. 아인슈타인의 말처럼 "교육은 학교에서 배웠던 것을 다 잊어버린 후에도 남는 것"이다.

인공지능이나 사물인터넷과 같은 기술 발달은 교육에 커다란 변화를 가져올 것이다. 영국의 수학자이자 기업가인 콘래드 울프램은 수학교육의 성격이 이전과 달라져야 한다고 주장하는 대표적 인물이다. 그는 수학적 문제해결을 4단계로 구분한다.

1단계는 실제 삶의 세계에서 문제를 발견하고, 2단계는 문제를 수학 공식으로 전환하는 것이며, 3단계는 계산, 4단계는 결과 해석이다. 콘래드는 수학적 문제해결 능력을 기른다는 것을 '문제를 발견하고 수학 공식으로 전환해 결과를 해석하는 역량을 기르는 것'으로 정의한다. 계산은 컴퓨터나 계산기를 활용하면 된다는 주장이다.

아직도 계산 능력이 수학적 문제해결 능력이라 생각하는 사람이 많다. 콘래드의 주장은 AI가 교육에 가져올 변화를 함축적으로 보여 준다. 앞으로 학생들은 교실 안에서 지식을 습득하는 것보다 학교 안과 밖의 경계를 넘나들며 문제를 발견해 낼 것이다. 학생이 관심 있는 삶의 현장에서 스스로 문제를 발견하고 해결하는 학습활동이 주가 될 것이다. 학교의 영역은 네모반듯한 교실을 넘어 지역 공동체, 기업, 국가, 나아가 세계 공동체로 확장될 것이다.

아이의 문제해결 능력을 키워라

가수 이적 씨의 어머니로 유명한 여성학자 박혜란 씨는 "믿는 만큼 자라는 아이들"이라고 말한다. 아들 셋 다 서울대에 간 그 비결이 믿어 주는 것뿐이라니. 너무 뻔한 소리라 생각한 적도 있었다. 그런데 그게 얼마나 어려운 건지 깨닫는 데는 오래 걸리지 않았다. 특히 온라인 수업이 시작되면서 하루하루 내 인내심을 시험받는 느낌이 들 정도였다. 아이가 수업은 잘 듣고 있는 건지, 손은 왜 좀 더 안 드는지, 과제는 잘 내고 있는지 내심 불안했다. 그럴 때마다 되새겼다.

"아이는 믿는 만큼 자란다."

온라인 수업이 이어지면서 아이는 자기 방식을 찾아갔다. 조금씩 손을 들기 시작했고, 오프라인 수업시간엔 그날 숙제를 몰아서 하는 '신공'을 발휘했다. 일찍 끝내고 놀겠다는 나름의 전략이다. 학기 초반엔 코로나19로 친구를 못 만난다면서 투덜대더니, 이내 '문제'를 풀어가기 시작했다. '줌^{zoom}'에 친구를 초대하는 방법을 알아내 하루에도 몇 시간씩 '줌' 앞에서 친구와 시간을 보냈다. 유튜브에서 '구글 클래스룸'을 만드는 방법을 찾아 자신이 호스트, 선생님이 되어 친구들을 학생으로 초대했다. 만남에 배고팠던 아이들은 교실 안에서 신나게 웃고 떠들면서 만나서 놀지 못하는 '현실 문제'를 해결했다. 생활 속에서, 세상에서 보이는 문제를 스스로 해결해 나가는 경험을 축적해야 한다. 이것이 쌓여 창의적 문제해결력을 키운다.

창의력 전문가들은 지식 역시 이와 같은 방식으로 쌓아야 한다고 목소리를 높인다. 신종호 서울대 교육학과 교수는 『창의 혁명』에서 "학습과 현실에서 마주하는 실제 상황이 분리된다면 '살아 있는 학습'이 아닌 '죽은 학습이다'"라고 말한다. 한번은 뉴스를 보다가 아이가 김정은 북한 국방위원장을 보고 누구냐고 물었다. 북한에서 제일 힘 있는 사람이라고 답을 해준 적이 있다. 아이는 "힘이 세? 누구보다 세? 우리나라 대통령보다 세?" 같은 질문을 하다가 물었다. "근데 왜 우리나라는 두 개로 쪼개졌어?"라고 물었다. 아이가 문제를 발견하고 물음표를 던질 때마다 부모는 아이의 절대적 지지자가 돼야 한다. 문제해결 과정에서 아이가 자신의 실수를 기꺼이 받아들이고, 이를 통해 배워 나가며 성취에 이를 수 있도록 아이를 향한 믿음을 보여 주는 것이 중요하다. "왜 그렇게 됐을까? ○○이가 찾아서 설명해 줄래?" 생활, 사회 안에서 문제를 스스로 풀어내고 해결했을 때 아이는 자신감이 생기고 성장한다.

문제를 해결하는 방법은 여러 가지다. 심지어 정답이 똑 떨어지는 수학 문제조차 정답에 이르는 방법이 다양하다. 아이와 함께 다양한 방법에 관해 이야기를 나눠 보자. 더불어 문제를 스스로 풀어가는 데는 충분한 시간과 인내심이 필요하다는 사실을 꼭 알려 줘야 한다. 자전거를 배울 때 수십 번, 수백 번 넘어지듯 문제를 해결해 내는 과정도 어려움을 이겨내야 한다고 말해 주자. 문제를 해결하는 것만큼이나 과정도 소중하다고, 포기하지 않으면 결국 해낼 수 있다고 격려하고 지지해 주자. 문제를 극복할 때마다 새로운 것을 배우게 되고, 지혜로운 사람이 된다는 사실도 상기시켜 주면 좋다. 아이들이 커서 미래 먹거리, 사회 갈등, 빈부격차, 환경과 같은 문제에 깊이 참여하고 변화를 이끄는 날을 기대해 본다.

"우리는 배워야 할 것을 직접 해 보면서 배운다."

-토머스 제퍼슨

질문하는 아이가
길을 연다

"질문이 정답보다 중요하다. 곧 죽을 상황에서 단 1시간의 시간이 주어진다면 나는 55분을 질문을 찾는 데 할애할 것이다. 올바른 질문은 답을 찾는 데 5분도 채 걸리지 않게 한다."
-아인슈타인

"우리는 왜 이 제품을 만드는가?"

스티브 잡스의 이 질문에서 아이폰이 탄생했고, 세상이 바뀌었다. 질문의 힘이다. "아빠, 왜 사진을 보려면 기다려야만 해요?" 즉석카메라 폴라로이드 창업주인 에드윈 랜드는 세 살 딸아이의 질문에서 영감을 얻었다. 세상 모든 혁신이 이렇게 탄생했다. 기존의 방식에 '왜?'란 물음표를 던지는 일. 질문은 혁신의 씨앗이다. '왜 사과는 아래로 떨어지는 걸까?' 질문하자 사과는 뉴턴에게로 와 만유

인력의 법칙이 되었다.

좋은 질문은 기존 통념이나 관습, 누구나 당연하다 생각하는 것에 의문을 제기한다. '태양이 움직이고 있을까? 지구가 움직이고 있을까?'(코페르니쿠스) '높은 곳에서 물건을 떨어뜨리면 무거운 것과 가벼운 것 중 무엇이 먼저 떨어질까?'(갈릴레오) 세상을 바꾼 건 답이 아닌 질문이다.

역사상 가장 빠른 성공 기록을 세운 구글의 시작도 질문이었다. 하루는 창업자 래리 페이지가 스탠퍼드대학 기숙사에서 잠을 자다 꿈 탓인지 중간에 깼다. 순간 질문 하나가 그의 머릿속을 스쳤다. '만약 내가 모든 인터넷 웹을 다운로드하고, 모두 링크할 수 있게 만들면 어떤 일이 벌어질까?' 페이지는 벌떡 일어나 답을 써 내려갔다. '질문의 민족' 유대인답게 그는 끊임없이 질문했다.

'내가 경영자가 아닌 소비자라면?' 여기에 대한 답으로 구글은 사용자가 최대한 빨리 정보를 찾는 데 집중했다. 사용자가 구글에 머무는 시간이 짧을수록 광고 수익이 줄어드는 데도 말이다. 소비자 입장에서 만든 검색엔진은 결국 온라인 광고시장을 독식하게 됐다. 좋은 질문이 좋은 답을 낸다.

질문은 또한 배움의 씨앗이다. 질문이 없으면 배울 수 없다. 질문이 없는 건 호기심이 없어서다. 경영컨설턴트이자 『고수의 질문법』 저자인 한근태는 호기심이 없는 이유를 이렇게 설명한다.

"공부하지 않기 때문이다. 아무것도 모르면 질문할 수 없다. 질문은 어느 정도 지식이 있어야 가능하다. 내가 아는 것과 더 알고 싶은 것 사이의 간극을 줄이기 위해 나오는 것이 질문이다."

질문은 사고의 틀이다. 나는 마흔을 앞두고 지구 반대편 나라인 브라질에 왔다. 첫 6개월간은 그야말로 '맨땅에 헤딩'을 했다. 아는 사람 한 명 없고, 말 한마디 안 통하는 나라에서 '버티는' 삶을 살아가던 중, 주재원으로 나온 모 임원과 저녁 식사 자리가 있었다. 그분이 "브라질 어때요? 힘들죠?"란 질문을 하는 순간, 나는 세상 가장 힘든 사람으로 빙의했다. 내 하소연을 한참 듣던 그분이 다시 물었다. "여기 와서 좋은 점은 없나요?" 머리에 종이 울렸다. 생각해 보니 좋은 점도 백만 가지였다. 늦잠도 자고, 가족과 보내는 시간도 늘었다. 새로운 언어를 배우고 집밥 해 먹는 재미도 쏠쏠하다. 고작 질문 하나 바꿨을 뿐인데, 관점과 태도, 맥락이 뒤집혔다.

질문하지 않는 아이들

누구나 '왜?'란 녀석과 친하던 시절이 있다. 실제 연구 결과, 유아 5세 때 질문을 가장 많이 하는 것으로 나타났다. 2~5세 사이에 4~5만 개의 질문을 한다. 그러다 학교에 가면서 말문이 막힌다. 점점 생각이 닫히고 찾는 건 오직 정답뿐이다. 우리나라 10대 모습은 비슷비슷하다. 공부하고, 자고, 공부한다. 대학에 가고, 공무원 시험이나 대기업 입사에 목숨 건다. 10년간 부동의 1위를 지키는 희망직업은 교사 아니면 공무원이다. 남이 정한 답대로 산다. 스스로 질문하지 않는다. '내가 진짜로 원하는 것은 무엇인가. 어떻게 살

것인가. 어떻게 살고 싶은가. 지금 나는 어디로 가고 있는가.'

머리와 가슴이 답으로 꽉 차 있으면 자기만의 질문이 없다. 우리는 질문 없이 성장해 왔다. 그 결과 역사상 가장 짧은 시간 안에 '한강의 기적'을 이루는 성과를 거뒀다. 앞선 국가들을 따라잡는 데 질문 따위 사치였을지 모른다. 빨리, 많이 배워서 성실히 실행하는 사람을 최고로 쳤다. 그때 우리에겐 주입식 교육과 단답형 시험이 최선이었다. 세상에 지식을 생산하는 사람과 수입하는 사람이 있다면, 우리는 그동안 받아들이는 데 익숙했다. 좋게 말해, 쫓아가는 삶을 너무 잘 살아왔다.

이젠 없는 길을 만들어야 한다. 4차 산업혁명은 지난 세 차례의 산업혁명이 그러했듯 전체 판을 뒤집을 것이다. 여기서 선진국으로 넘어서느냐, 멈추느냐, 후진하느냐, 그 열쇠는 결국 사람에게 있다. 미래는 저절로 오지 않는다. 미래의 문을 열 인재가 있어야 한다. 폴 김 스탠퍼드대학 교육학과장은 주입식, 단순 암기를 반복하는 교육에 대해 이런 표현을 쓴다. "범죄 같다." 학생들을 어리석게 만들기 때문이다. 길을 만드는 자는 답이 아니라 질문하는 사람이다. 이 세상 모든 위대한 것은 대답이 아닌 질문의 결과다.

유대인과 세인트존스대학의 공통점

세계 0.2퍼센트밖에 안 되는 인구로 세계를 장악한 유대인은 꼬리에 꼬리를 물고 질문한다. 상대방의 나이나 지위, 권위에 개의치 않고, 기존 이론이나 학설, 그 어떤 것도 당연하게 여기지 않는다.

끊임없이 의문을 제기하고 질문한다. 이 과정에서 생각하는 힘이 길러진다.

유대인 부모는 학교에서 돌아온 아이에게 "선생님 말씀 잘 들었니?"라고 묻지 않는다. 대신 "오늘은 어떤 질문을 했니?"라고 묻는다. 또 세상에 정해진 답은 없다면서 늘 '잘하기'보다 '다르게' 하기를 강조한다. 유대인이 매년 30퍼센트에 가까운 노벨상을 차지하고, 정치·경제·사회·문화예술 모든 분야에서 지대한 영향력을 누리게 된 배경이다.

미국 명문 대학교 세인트존스에선 4년 내내 책을 읽고 질문과 토론으로 수업한다. 우리나라 대학 신입생들이 수강 신청에 열을 올릴 때 여기 학생들은 필독서 목록과 마주한다. "질문하라! 그 과정에서 스스로 배움을 얻어라!" 학교는 세상에 끊임없이 묻고 답을 구할 수 있는 능력을 키우라고 요구한다. 만약 수학 공식을 암기했다면 이곳에선 낙제다. "유클리드의 정의 3번, '선의 양 끝은 점이다.' 이에 동의하는가?" 유클리드의 『기하학원론』을 읽고 첫 수업에서 듣게 될 질문이다. 저마다 스스로 답을 찾고 질문하고 토론한다. 그렇게 성장한다.

아이의 질문력을 키우려면 어떻게 해야 할까?

나는 질문을 막는 큰 부분 중 하나가 지나치게 많은 교과과정에 있다고 생각한다. 아이들은 새로운 개념을 받아들이는 데 급급하다. 김현섭 수업디자인연구소장 역시 같은 분석이다. "2015년 교육과정에서 학습 목표를 줄여야 했는데 교과서 쪽수만 줄였다. 해

외에선 대학 때 배우는 미적분이 여전히 고교과정에 들어 있다. 학습량이 많으니 교사는 진도 맞추기에 바쁘고 학생들 사이에선 조용히 수업을 따라야 한다는 무언의 합의가 이뤄진다." 선행학습도 질문을 막는다. 이미 다 배우고 온 아이들은 '다 안다'고 착각하고, 그렇지 않은 아이들은 무시당할까 입을 다문다.

1. 아이의 말에 귀 기울인다

아이에겐 질문하는 힘이 필요하다. 아이의 말을 경청하는 것부터 시작해 보자. 아이가 어떤 엉뚱한 질문을 해도 진지하게 들어줘야 한다. 어떤 질문도 '쓸모없다'라고 느끼지 않아야 질문에 장벽이 생기지 않는다. 질문이 확실하지 않을 땐 반드시 "~라는 의미야?"라고 되묻는다. 경청은 말처럼 쉽지 않다. 심신이 지쳐 있거나 바쁠 때 아이가 말도 안 되는 질문을 계속하면 짜증이 올라온다. 그래도 가능하면 하던 일을 멈추고 아이와 눈 맞추자. 말 못지않게 중요한 것이 몸짓, 행동, 눈빛과 같은 비언어적 요소다. 아이에게 이유를 설명하고 양해를 구하는 것도 방법이다. "엄마(아빠)가 이것만 빨리 마치고 얘기하면 어떨까?"

2. "왜 그럴까?" 되묻는다

아이가 질문할 땐 바로 답하지 말고 "왜 그럴까?"라고 되묻는 게 좋다. 아이 스스로 생각할 시간이 필요하기 때문이다. 아이가 답하면 다시 묻자. "왜 그렇게 생각해?" 책을 읽으면서 '왜 그랬을까?' '만약 ~라면?' '너라면 어땠을까?' 꼬리에 꼬리를 문 질문을 해 보

자. 질문력은 이렇게 길러진다.

3. 궁금증, 호기심을 키우는 데서 질문이 생겨난다

매일 매 순간 일상을 경이롭게 관찰해 보자. 궁금증, 호기심, 관찰력을 유지하는 데서 질문이 나온다. 레오나르도 다빈치의 전기를 쓴 작가 월터 아이작슨은 말했다.

"레오나르도 다빈치도 수학이나 과학 이론에서 초인간적 정신의 천재는 아니었다. 단지 그는 매우 호기심이 강했고 관찰력이 있었다. 그런 건 우리도 되고자 열망할 수 있는 것들이다."

4. 질문 근육 키우기

떡도 먹어 봐야 잘 먹는다고, 질문도 마찬가지다. 자꾸 해 봐야 는다. 질문하려면 모르는 걸 창피해하지 않을 용기가 필요하다. '아, 다른 사람들이 이것도 모른다고 비웃진 않을까?' 실은 모르면서 묻지 않는 걸 창피하게 여겨야 한다. 나는 아이에게 모르는 건 부끄러운 게 아니란 이야기를 자주 해준다. "모르는 게 창피한 게 아니라 모르는데 아는 척하고 있는 게 창피한 거야. 왜냐? 질문하면 지금 잠시 쪽팔리겠지만 질문 안 하면 평생 모를 테니까."

자꾸 질문해야 용기도, 질문 근육도 생긴다. 마지막으로 질문을 잘하기 위해선 알아야 한다. 아는 만큼 질문할 수 있다. 아이가 많이 보고, 듣고, 읽고, 경험할 수 있도록 도와주자.

질문은 인생에서 정말 원하는 게 무엇인지 알려 준다. 질문할 수 있으면 답을 얻을 수 있다. 답을 얻을 수 있으면 진짜 원하는 삶을 살 수 있다. 좋은 인생엔 좋은 질문이 필요하다. 인생은 지극히 개인적이고 사적이다. 다른 사람과 같을 수 없다. 철저히 독립적이다. 그로부터 창의와 혁신, 창조가 일어난다.

질문력을 가진 아이는 끊임없이 스스로에게 물을 것이다. '내가 원하는 모습은 뭔가? 나만의 세계를 찾았나? 지금 어디쯤인가?' 질문에 집중하고 꾸준히 행동하는 사람이 없던 길을 내고 닫힌 문을 연다. 세기의 천재, 혁신가, 예술가가 모두 그러했다.

자기 주도적으로 키우려면
주도하지 마라

디지털 시대엔 배움에 양극화가 더욱 심해진다. 코로나 팬데믹으로 온라인 수업을 하게 되면서 자기 주도성이 있는 아이와 그렇지 않은 아이의 학습 편차가 더욱 극명하게 드러났다. 스스로 공부하는 아이는 학교 과제를 다 하고서도 하고 싶은 공부를 더 할 수 있다며 좋아한다. 억지로 공부하는 아이는 온라인 수업에도 집중하지 못하고 허송세월하기 쉽다. 디지털 시대 학습은 주도성이 전부라 해도 과언이 아니다. 인터넷에는 공짜 정보가 넘친다. 유명 강사 수업도 온라인으로 어디서든 들을 수 있다. 앞으로는 학교에 가지 않아도 호기심, 관심사에 대해 스스로 배우는 능력이 있어야 한다.

모든 부모의 로망인 자기주도학습은 자기 주도성이 있어야 가능하다. 마흔 살이 돼도 자기주도학습이 안 되는 사람이 있고, 열두 살에도 목표를 이루기 위해 계획을 세우고, 해내는 아이가 있다. 자전거를 배울 때 네 발에서 세 발, 두 발 자전거로 단계를 높여가듯 수없이 넘어지고 일어나는 훈련을 지속해야 한다. 아이 성향과 학습 습관에 따라 차이가 있겠지만, 제대로 된 자기주도학습은 초등학교 저학년까지는 어렵다. 전문가들에 따르면 자기주도학습 과정은 크게 5단계로 이뤄진다.

'1. 자기 분석 2. 목표 설정 3. 계획과 실행 4. 평가와 분석 5. 개선' 초등 저학년 아이가 목표를 세워 계획을 짜고 부족한 부분을 개선해 나가는 것을 혼자 하기란 쉽지 않다.

초등 저학년까지는 공부에 흥미를 느낄 수 있도록 느긋하게 지켜봐 주자. 아주 작은 목표를 세우고 자기와의 약속을 하나하나 지켜가는 성취감을 맛볼 수 있도록 도와주자. 처음엔 아이 혼자 계획표를 짜는 게 힘들 수 있다. 아이에게 부모가 계획표 짜는 모습을 보여 주면서 함께 하자고 제안해 보자. 작은 목표를 성취해 가는 기쁨을 함께 누려 보자. 처음엔 터무니없을 정도로 쉬운 목표부터 시작한다. '팔굽혀펴기' 세 개, '스쿼트' 세 개, 이런 식이다. 하나씩 지워 나가다 보면 성취감과 함께 자신감이 붙는다. 세 개를 해낸 사람은 다섯 개도, 열 개도 해낼 수 있다.

이 시대가 원하는 '자기 주도성'

사회생활을 하면 할수록 굳어지는 생각은 학벌과 사회생활은 별개구나, 하는 것이다. 소위 명문대를 나와도 존재감이 제로에 가까운 사람이 있고, 반대로 출신 대학과 상관없이 두각을 나타내는 사람도 있다. 후자에서 공통으로 보이는 특성이 있는데, 바로 자기 주도성이다. 자기를 스스로 이끄는 것이다. 목표를 정하고, 실행에 옮기고, 결과에 책임진다. 누가 시키지 않아도 할 일을 찾고, 목표가 정해지면 무조건 되도록 방법을 생각해 낸다. 안 되는 핑계를 찾지 않는다. 실패하더라도 남 탓, 환경 탓을 하지 않는다. 외부 평가나 인정에 연연하지 않으며, 자기 욕구와 의지에 몰입한다. 어디서든 이런 사람을 환영하는 건 인지상정이다.

기업의 미래는 인재에 달려 있다. 기업이 인재를 채용할 때 가장 중점적으로 보는 것 중 하나가 자기 주도성이다. 자기소개서나 면접에서도 이런 질문이 빠지지 않는 건 자기 주도성을 보려는 장치다. "학업 이외에 본인이 관심과 열정을 갖고 자기 주도적으로 계획을 수립하고 추진했던 경험을 서술해 보시오."

인재를 길러내는 세계 명문 대학의 입시 전형도 마찬가지다. 가히 '자기 주도성 전형'이라 불릴 정도로 자기 주도성은 큰 비중을 차지한다. 우리나라에선 '금수저 선발 전형'이란 비판이 거센 학생부 종합 전형도 이런 시대 요구를 반영한 것이다. 빠른 변화와 불확실성의 시대를 뚫고, 헤치고 나갈 인재를 키우는 건 전 세계 흐름이자 시급한 당면 과제다.

문제는 교육 환경이다. 좁은 땅덩어리에서 살아남기 위한 경쟁을 하다 보니 아이에게 스스로 해 볼 시간과 기회를 주지 못한다. 전 세계적으로 유례없는 사교육도 원인이다. 시험 대비는 물론이고 각종 대회마저 학원이 도와준다. 탐구토론대회, 융합과학대회, 발명품 대회 등을 대비해 주는 곳이다. 학원 원장은 "아이들이 주제를 생각해 오면 관련된 실험 계획을 설정해 줘요. 학생이 원하는 실험이 실제 가능한지, 창의적이고 참신한 주제인지, 실험에서 학생이 놓치는 부분은 없는지 판별해 주죠."라고 설명한다. 아이가 친환경을 주제로 한 토론대회에 참가하면 브레인스토밍부터 질문, 토론까지 함께 준비해 준다.

이젠 '엄마의 정보력, 아빠의 무관심'은 옛말이다. 큰 논란이 되는 사회지도층 자녀 입시에서도 보듯 온 가족이 힘을 모아 아이 '스펙'을 관리한다. 인턴, 봉사 활동, 동아리 활동, 각종 대회 준비 등 부모의 손길이 안 뻗치는 곳이 없다. 대학생이 된 자녀의 시간표를 짜고, 수강 신청을 대신해 주기도 한다. 심지어 취업 관련 상담도 함께 받는 경우가 허다하다고 대학 관계자가 토로한다. 모 대학의 한 과사무실에는 실제로 "아이가 대학에서 좋은 성적을 받지 못하는데, 우리 아이에게 과외를 해줄 만한 석박사급 조교가 없겠냐?"는 전화가 걸려오기도 했다.

아이가 훌쩍 자라 사회인이 돼도 끈을 놓지 못하는 부모가 많다. 마치 관성의 법칙 같다. 직장 생활은 성실한지, 직장 상사는 어떤 사람인지, 전도유망한 부서로 옮길 순 없는지, 갖은 인맥을 동원해 직장 생활을 관리한다. 사실 누구 딸, 아들이라고 하면 직장에서 알게 모르게 배려한다. 훗날 보면 그게 독배의 잔이다. 출발선에서 좀더 앞서가니 뭐라도 된 듯 우쭐한 마음이 들지도 모른다. 인생이 쉬워 보인다. 그러니 죽기 살기로 실력을 쌓지 않는다. 그사이 맨땅에 헤딩한 사람들은 절박하고 치열하게 자기를 갈아 넣는다. 10년, 15년쯤 지나면 경쟁력은 보나마나다. 20년쯤 되면 출발선은 보이지도 않는다. 인생은 그리 호락호락하지 않다. 누군가 갈고 닦아 준 길은 끊긴다. 스스로 살아내야 한다. 인간은 자기 힘으로 헤쳐 지나온 시간만큼만 성장한다.

'불확실성'과 '복잡성'이 공존하는 시대를 살아갈 아이들. 기업은 예측하기 어려운 변화에 빠르게 대응하고 비용을 절감하기 위해 외주 고용을 늘릴 것이다. 코로나19로 경험하게 된 재택근무도 증가하는 추세다. 기업으로선 국경과 관계없이 인재를 고용할 수 있는 창이 열린 셈이다. '일시적인 일'이란 의미의 '긱 이코노미'는 2014년 150억 달러에서, 2025년 20배가량 성장한 3,350억 달러 규모에 달할 것으로 전망된다. 긱 워커가 많아질 것이란 예측 그 이면에는 고용의 질 악화가 자리한다. 비정규직과 임시직은 늘고, 임금 상승은 둔화할 것이란 예측도 나온다. 그만큼 자기 분야에서 대체 불가한 실력을 갖춰야 생존할 수 있다.

이런 시대에 부모의 과거 경험에 비추어 아이 미래를 계획하는 건 위험하다. 차라리 아무것도 해주지 않는 게 나을지도 모른다. "일단 공부시켜 보고 공부가 아니다 싶으면 고등학교 때쯤 요리를 하든, 기술을 배우든 진로를 결정하려고요." 많은 부모가 가진 생각이다. 부모 뜻대로 살면 별 일 없이 살 가능성은 높을지 모른다. 하지만 그만큼 삶의 의미도 별 재미도 찾기 힘들다.

공부든 기술이든 뭐든 아이가 스스로 결정해야 한다. 어려서부터 자기 선택에 대한 책임을 지는 훈련을 해야 한다. 시키는 일만 해선 살아남을 수 없다. 변화를 읽고 그에 앞서 나가야 한다. 그렇지 않으면 고생해서 들어간 회사에서도 몇 년 못 버틴다. 사막에서도 살아남을 수 있는 자립심, 책임감, 자기 주도성을 길러야 한다. 실패가 자기 몫이어야 실패 후 얻은 성공이 자기 몫이 된다.

내적 동기를 불러일으킨다

'성공학의 대가' 브라이언 트레이시는 저서 『성취심리』에서 "목표를 설정하고 그것을 성취하기 위한 계획을 세우는 능력이 바로 성공의 핵심 기술"이라고 강조한다. 부모가 아이에게 진짜 가르쳐 줘야 할 것은 이러한 삶의 기술이다. 트레이시는 "목표를 발견한 이후 나는 완전히 다른 사람이 되었다"면서 목표의 중요성과 설정 방법 등을 가르쳐야 한다고 말한다. 제대로 된 목표를 세웠으면, 중요한 건 실행이다.

아이도 마찬가지다. 자율적으로 계획을 세우고 성취해 가는 기쁨을 아는 아이는 시간이 지나면서 시간을 자기 주도적으로 쓸 수 있게 된다. 단 계획은 반드시 실천할 수 있는 선에서 짜야 함을 알려 줘야 한다. 그래야 중간에 포기하지 않는다. 그리고 어려운 과제 뒤엔 보상 시간을 적절히 분배해야 한다. "책 읽은 다음에 수학 5페이지 풀 거야."라고 말하는 아이에게 휴식이나 보상 시간을 넣도록 권하자. "너무 힘들지 않겠어? 중간에 쉬는 시간을 좀 넣는 건 어때?" 아이는 좋아하는 걸 할 수 있다는 생각에 더욱 신나게 몰입한다. "숙제 안 해?" 대신 "오늘 계획이 어떻게 돼?"라고 묻자. 잔소리가 줄어드는 기적이 일어난다.

목표를 정하고 실행해 내는 능력은 내적 동기에서 나온다. 성취 지향적인 사람들은 스스로를 끌고 가는 힘이 강하다. 누가 시킨 것도 아닌데 뭔가 일을 만들고 이뤄 간다. 옆에서 보면 '사서 고생하는' 스타일이다. 내적 동기가 강한 사람들이 그렇다. 끊임없이 도전하고 새로운 자기 이력서를 써 나간다. 김미경 강사는 쉰 살이 훌쩍 넘은 나이에 직접 옷을 만들어 패션쇼를 했다. 옷이라곤 평생 양장점을 하셨던 어머니 어깨너머로 본 게 전부다. 패션쇼를 여는 건 차원이 다른 문제였다. '과연 할 수 있을까, 다른 사람들이 비웃진 않을까?' 패션쇼 바로 전날까지도 두려움이 그녀를 삼켰지만 포기하지 않았다. 이후에도 그녀는 세계 각국을 돌며 '월드투어'를 하고 영어로 강의하는 꿈을 이뤄 가고 있다.

외적 동기는 한계가 분명하다. 보상을 줄 때는 효과가 있는 것처럼 보인다. 보상을 멈추면 행동도 멈춘다. 지속적인 보상도 효과가 미미하다. 인간은 계속해서 더 큰 자극을 추구하기 때문이다. 그렇다고 보상을 무한대로 늘릴 수도 없다.

아이에게 처음부터 내적 동기를 기대하긴 어렵다. 외적 동기를 이용해 내적 동기가 생기도록 유도해야 한다. 이를테면 시험에서 1등 하면 원하는 게임기를 사 주기로 약속한다. 게임기는 외적 동기다. 실제 1등을 하면 아이는 게임기를 얻은 기쁨보다 더한 뿌듯함, 짜릿함을 맛본다. 흔히 과정을 즐기라고들 하지만 과정 자체는 힘들다. 힘들 땐 열매를 먹는 상상만으로도 힘이 난다. 아이가 원하고 바라는 것이 무엇인지 자주 대화를 나누고, 이미 이뤄진 듯한 느낌을 자주 상상해 보자. 그 감정은 강력한 내적 동기가 된다.

자기 주도성을 기르는 법

자기 주도성을 길러 주기 위해 발달 시기를 알아둘 필요가 있다. 태어나서 만 1세까지는 무엇보다 사랑으로 안정감을 주는 것이 중요하다. 만 1~3세에는 걷기 시작하면서 자율성을 습득하는 시기다. 그러다 만 3~6세에 안정성과 자율성을 바탕으로 자기 주도성을 키워 나간다. 특히 이 시기엔 아이가 많은 경험을 하는 것이 중요하다. 아이와 놀 땐 아이가 원하는 놀이, 선택한 방식을 존중해 줘야 한다. 크고 작은 성취를 경험할 수 있도록 돕는다. 아이는 자기 수준보다 조금 어려운 과제를 해냈을 때 도전의식과 자기 효능감이 높아진다. 아이 수준에 맞지 않는 과제는 아이에게 좌절감을 주기 쉬우니, 주의하자. 아이가 해냈을 땐 "잘했다"는 칭찬을, 어려워할 땐 "할 수 있다"는 격려를 해준다.

자기 주도적인 아이로 키우고 싶다면 부모가 주도하지 말아야 한다. 인생의 목차와 콘텐츠는 스스로 세우고 채워가야 한다. 스스로 결정하고 가치를 찾아가는 인생이 마냥 무난하고 평탄할 수는 없다. 실수도, 실패도 마주할 것이다. 그 과정에서 아이는 자기와 더 많이 대화하고, 질문을 던질 것이다. 자기 내면의 목소리에 귀를 기울이고, 스스로 선택한 목표에 대해 깊이 생각할 것이다. 목표를 달성하기 위해 구체적으로 어떤 노력을 해야 할지, 자기만의 계획을 세울 것이다. 설사 실패로 끝난다 해도 책임지는 모습을 보일 것이다.

아이가 인생이란 마라톤에서 끝까지 최선을 다하기를. 스스로와의 약속을 꼭 지켜내기를. 인생이란 축제에서 열렬히 먹고 사랑하고 즐기기를. 인생이란 여행을 만끽하기를. 때때로 풍랑을 만났을 때 낙관과 여유를 잃지 않기를. 인생이 꼬이고 꼬여 풀리지 않는 실타래 같을 때 그 순간 할 수 있는 아주 작은 일부터 시작할 수 있기를. 이 세상 모든 부모의 기도일 것이다. 그 누구도 대신 살아 줄 수 없는 인생을 살아갈 아이에게 "선택도, 책임도 전부 너의 것"임을 알려 주자. 그다음은 온전히 아이의 몫으로 남긴다.

🗂️ 코로나 시대 공부, 혼공법

1. 복습을 습관화하게 돕는다

많은 학생이 숙제를 미룬다. 공부의 효율이 떨어질 수밖에 없다. 단순히 숙제 검사를 받으려고 대충하면 안 된다. 자기 것으로 만들어야 한다. 그날 배운 내용을 스스로 이해하는 과정을 거치는 것이 중요하다. 하루가 지나면 배운 내용을 잊어버리기 쉬우니 반드시 복습하도록 지도한다.

2. 실패하더라도 포기하지 않도록 격려한다

처음부터 완벽한 학습법을 아는 아이는 세상에 없다. 시행착오를 거치는 과정을 지켜본다. 아이가 가는 길이 더디더라도, 실패하더라도 옆에서 응원해 준다. 아이가 어려워하는 부분이 뭔지 관찰해 보고 대화를 나눈다. 학년이 올라갈수록 스스로 어려움을 극복해 낼 수 있다.

3. 스스로 공부하는 시간이 필요하다

요즘 아이들은 참 바쁘다. 스스로 공부할 시간이 턱없이 부족하다. 당장 해야 할 숙제가 많으니 스스로 공부하는 시간을 포기하는 경우가 많다. 스스로 공부하는 시간을 확보해야 한다. 배운 내용을 확실히 자기 것으로 만드는 건 스스로 공부할 때이기 때문이다. 이 과정을 포기하지 않고 꾸준히 유지한다면 평생 자기주도학습자가 될 수 있다.

4장

초불확실성 시대,
아이의 마음 근육이
먼저다

가장 시급한 조언,
'너 자신을 알라'

언젠가 MBC 김민식 PD의 어렸을 적 이야기를 들은 적이 있다. 김 피디의 아버지는 아들이 열심히 공부해서 의사가 되길 엄청나게 바라셨단다. "아들아, 아빠는 너를 정~~말 사랑한단다. 네가 평생 행복하게 살길 바라는데, 그러려면 전교 1등 해서 의대 가고, 의사가 돼야지. 그렇게 공부 안 해서 굶어 죽으나, 내 손에 맞아 죽으나 똑같다." 김 피디는 "아버지의 그 '사랑'이 죽을 것과 같은 공포였다"고 회상했다. 매일같이 독서만 하고 있는 아들에게 아버지는 "책이 밥 먹여주냐"면서 늘 구박했다. "그런데 제가 드라마 피디로 먹고살 수 있는 이유가 뭐겠어요? 책 읽으면서 활자를 영상으로 떠올리는 능력을 길렀기 때문이죠. 사람의 정체성은 스스로 찾아가는 겁니다. 부모가 대신 찾아줄 수 없어요."

200

성공의 공식이 변하고 있다. 유튜브 크리에이터가 되는 데는 학벌도, 영어성적도, 수상 경력도 필요 없다. BTS를 비롯해 한류를 이끄는 아이돌 그룹은 걸어 다니는 '기업'이다. 게임 프로그래머 이상혁 선수는 연봉 50억 원을 훌쩍 넘겼다. 예전엔 자기 꿈을 이루기 위해 권력을 가진 방송사나 기업 등에 소속돼야 했지만 이젠 실력만 있으면 누구든 선택받을 수 있다. 자기가 하고 싶은 일을 하며 돈도 버는 '덕업일치' 시대다. 진짜 좋아하면 진정성이 생기고, 그게 사람들의 마음을 움직인다.

'나'라는 소우주를 탐색하게 하라

하지만 자신이 뭘 원하고 뭘 하고 싶은지를 찾기란 쉽지 않다. 아이들은 흔히 하고 싶은 게 없다고 말한다. '나는 누구지?'라는 큰 질문을 던지기 전에 이 질문부터 해 보자. '나는 무엇을 할 때 행복하지?', '내 기분이 좋아지는 장소는 어디지?', '누구와 있을 때 편안하지?' '취미는 뭐지?' '특기는 뭐지?'

'나를 아는 힘'이 미래를 살아갈 아이들에게 '절대 반지'가 된다고 많은 미래학자가 진단한다. 유발 하라리는 "정신 차리지 않으면, 기술이 당신에게 목표를 강요하고 당신을 자신의 노예로 만들 것"이라고 경고한다. "그 해답은 '자신을 더 잘 알아가는 수밖에 선택의 여지가 없다. 당신이 누구인지, 삶에서 진정 원하는 것이 무엇인지 알아보라."

'너 자신을 알라'는 오래된 조언이지만, 21세기에 가장 시급한 조언이다. 자신을 들여다보고 자신을 아는 것, 그리고 모르는 것을 모른다고 하는 것, 끊임없이 변화되는 미래에 자신을 고집하지 않고 변화하려는 마음가짐, 유연한 사고만이 미래에 인간이 인공지능에 종속되지 않고 힘을 가질 수 있는 열쇠다.

'나를 안다'는 것은 '자신이 누구인지, 어떻게 살아야 하는지, 내가 모르는 것은 무엇인지' 같은 질문을 아이 스스로 하고 답을 찾는 과정이다. 이 힘을 기른 아이는 삶의 목적과 방향을 확고하게 설정할 수 있다.

'나는 누구인가. 나는 왜 사는가. 어떻게 살고 싶은가.' 진짜 자기와 대면할 시간을 갖지 못한 채 공부만 했던 아이는 언젠가 크게 울부짖는 날이 온다. 이르면 사춘기가 될 수도 있고, 중년이 되어 갑자기 삶에 대한 분노로 표출되기도 한다. 정신분석학자 융은 말했다. "마흔이 되면 마음에 지진이 일어난다. 진정한 당신이 되라는 내면의 신호다." 이 시기에 많은 이들이 우울증, 삶의 의미 상실 등을 겪는 이유다.

오프라 윈프리 역시 "그 무엇보다 자기 자신이 되라"고 외친다. 자기 인생의 핸들을 다른 사람에게 맡기지 말라는 것이다. 그녀는 "꿈을 꾸면서 진정한 자기 자신으로 살 수 있었다"고 고백한다.

"여러분은 인생의 비전이 있을 것이다. 계획이 없을지라도 스스로 어떤 방향으로 가는지 알아야 한다. 스스로 인생의 운전석에 앉지 않으면 인생에 이끌려가게 된다." 그리고 나선 스스로 헌신할 곳을 찾으라고 조언한다. 그녀는 마지막으로 당부한다. "당신이 할 수 있는 모험은 당신의 꿈을 좇는 삶을 사는 것이다. 당신 인생의 운전석에 앉아라."

스티브 잡스의 뒤를 잇는 혁신가 일론 머스크도 진짜 '나'가 되라고 힘줘 말한다.

"자기 재능을 발견하려면 어린 나이부터 놀이도 많이 하고, 경험도 많이 쌓고, 자기반성 할 시간도 가져야 합니다. 여유로운 삶이 게으른 삶인가요? 천만에요. 24시간 내내 생산력이나 생존보다 정직함과 진정성에 조금이라도 시간을 할애할 수는 없나요? 진정한 성공을 위해선 생산성보다 자기 자신을 인정하고 정직한 '나'가 되는 거예요. 어떤 누구도 자아실현을 대신해 주진 않으니까요."

뿌리가 깊은 아이로 키우려면

현기증 날만큼 변화가 밀어닥친다. 그사이 누군가는 스타트업 창업에 성공해 대박을 칠 것이고, 어떤 이는 대박 난 회사에 투자를 잘해 돈방석에 앉았다는 소식이 들릴 것이다. '하루 4시간 일하고 월 몇천만 원 벌기', '게으르게 살면서 경제적 자유 누리는 법'을 가르쳐 주겠다는 강사도 어렵잖게 찾아볼 수 있다. 유튜브만 켜면 구독자 몇십만 인플루언서들의 향연이 펼쳐진다. 구독자 수와 조회수를 미뤄 보건대 꼬박꼬박 정기적으로 들어오는 수입만 해도 월급쟁이는 가뿐히 넘길 것 같다. 협찬, 제휴 마케팅까지 고려하면 억소리가 들린다. 공이 어디로 튈지 모르는 세상에서 변화를 읽고 대박을 낸 이들은 축하해 줘야 마땅하다. 그런데 마음 한구석엔 내 길에 대한 불안감이 엄습한다. 움츠러들고 자신감도 떨어질 수 있다.

그래서 나를 잘 알아야 한다. 나를 잘 알면 두렵지 않다. 내가 원하는 삶을 잘 알기에 남의 것을 탐하지 않는다. 비교와 시기, 질투로 자기 마음을 지옥으로 만드는 일도 없다. 성공보다 성장에 초점을 둔다. 자기 기준이 분명하기에 자기 삶의 주인으로 산다. 높은 시선으로 세운 비전과 목적을 향해 나아간다. 자신의 한계 역시 명확히 알기에 배움을 놓지 않는다. 삶 순간순간 행복하냐고 묻고, 자기 마음을 돌보는 일도 잊지 않는다. 나다운 꿈을 꾼다. 다른 이의 성공 방식을 기웃거리지 않는다. 어차피 자기 몸에 맞지 않는 꿈은 나를 갉아먹기만 할 뿐이다.

자기중심이 바로 서려면 세상에 나를 마음껏 한없이 풀어놓아야 한다. 많이 경험해야 한다는 얘기다. 다양한 상황, 사람들 속에 나를 던져 보면 내가 어떤 사람인가를 명확히 알 수 있다. 간혹 내가 발견하지 못한 나의 강점를 다른 사람이 보기도 하고, 극한 상황에서 또 다른 내 모습을 발견하기도 한다. 부딪치고 깨진 만큼 촉이 발달한다. 다양한 책, 잡지 등을 통한 간접경험도 좋다.

뭐든 내 몸을 온전히 관통해 내 안에서 푹 익을 때 자기만의 촉이 생긴다. 나는 어떻게 살아갈지, 뭘 하면 좋을지, 나에게 가장 좋은 방식을 건져내는 것, 그게 바로 촉이다. 삶이 불안하고 힘들수록 자기 촉을 길러야 한다.

나를 아는 건 삶의 '마스터키'다. 아이들에게 많은 경험을 선물해야 한다. 그래야만 '진짜 내가 좋아하는지, 나의 강점은 무엇인지, 또 나의 한계는 무엇인지' 알 수 있다. 머릿속으로 생각만 하는 '나'는 진짜가 아닐 가능성이 크다. 긍정적인 나를 발견할 때도 있지만, 또 한없이 나약하고 부끄러운 나를 발견할 때도 있다. 그 또한 모두 '나'라는 것을 인정하고 받아들였을 때 한 단계 뛰어넘을 수 있다. 지금 현재 내가 가진 것으로 할 수 있는 것에 집중하고, 부족한 자신을 있는 그대로 드러낼 수 있어야 한다. 자기 안에 만들어낸 두려움, 불안, 자만과 같은 허상을 떨쳐내야 한다. 그래야 불확실한 미래를 향해 나아갈 수 있다.

수천 년 인고의 세월을 버티고 선 고목의 뿌리를 본 적 있는가. 깊고 넓게 뿌리 내린 나무는 당당하다. 흔들려도 곧 제자리를 찾는다. 요란스럽지 않다. 지식생태학자 유영만 교수는 말한다.

"나무는 뿌리를 내린 만큼 크다. 기본과 뿌리를 제대로 잘 세우면 길이 열린다. 내가 뻗은 뿌리의 깊이가 내가 성장할 수 있는 높이를 결정한다. 높이 성장하기 위해서는 우선 깊이 뿌리를 내려야 한다. 뿌리를 깊이 내리면 뿌리치지 못한다."

사람도, 아이도 마찬가지다. '나'라는 뿌리가 깊이 내린 아이는 자기를 보는 시선을 내부에 둔다. 자기를 보는 시선이 외부에 있으면 행복하지 않다. 행복하지 않으면 자유롭지 않고, 그러면 삶이 창의적일 수 없다.

'나'라는 뿌리를 잘 내려야 삶의 방향을 잃지 않는다. 인생은 선택의 연속이다. 기술 변화의 진폭이 클수록 선택은 어려워질 것이다. 그래서다. 아이가 세상이란 곳에 자기를 마음껏 내던져 볼 시간을 주자. '나'라는 빈 캔버스를 자기만의 색으로 채워가도록 지켜보고 기다려 주자. 자기답게 사는 데서 자유로움도 창의성도 진정성도 나온다. 세상에 유일한 존재인 나는 최고의 재료다. 남들 가는 대로 쫓아가면 인공지능에 대체되는 건 시간문제다. 아이 마음속에 문신처럼 새겨 주자.

세상의 기준에서 자유롭기를. 오직 '나'의 답을 찾기를. 몸과 마음이 하는 소리에 귀 기울이고, 어떤 순간에도 '나다움'을 잃지 않기를.

🗂 덴마크의 '나를 공부하는 학교'

덴마크에는 240개의 애프터스쿨과 85개의 평민대학이 있다. 평민대학과 에프터스쿨은 성장을 즐길 수 있는 환경이다. 이곳에서는 나를 공부하는 시간을 갖는 공통점이 있다. 평민대학에서 성인들은 자신감을 얻고 인생의 기초를 다진다.

덴마크의 평민대학은 17.5세 이상이면 입학이 가능하다. 대학 입학 전이나 취업하기 전 1년 정도 시간을 보낸다. 덴마크의 성인들은 1년 정도 평민대학에 들어가 재충전의 시간을 보낸다. 1년에 4만 명 이상이 1주일부터 10개월 동안 공부한다. 평민대학은 학점이나 시험이 없다. 학위와 졸업장도 없다. 과목개설은 자유롭다. 학생들이 배우고 싶고, 교사가 가르칠 수 있으면 어떤 과목이든 개설할 수 있다.
  덴마크 애프터스쿨은 1년 과정 기숙형 자유학교다. 고등학교나 직업학교로 가기 전에 택한다. 전환학기제, 애프터스쿨은 중학교 자유학기제의 모델이다. 진로를 선택하기 전에 자기 자신을 1년간 찬찬히 들여다보고 선택한다. 내가 좋아하는 것이 무엇인지, 내가 관심 있는 것이 무엇인지 등 나를 공부하는 시간이다.

아일랜드 전환학년제는 중학교와 고등학교 사이에 1년간의 교육과정이다. 자신의 진로와 적성을 탐험해 보는 시간을 갖는다. 교과 공부와 체험학습을 한다. 직업 체험, 프로젝트, 과학 경연대회, 글쓰기 수업을 하면서 진로와 직업에 대해 깊이 고민한다.

 평민대학과 애프터스쿨은 중학교와 고등학교 사이에, 대학이나 직업 세계로 가기 전에 자신을 돌아보며 인생을 배우며 한 템포 쉬어 가는 곳이다. 자신에 관한 공부가 자신감을 키우는 결과로 나타난다. 인생의 기초체력이 튼튼해진다. 평생교육 시대에 지속하는 힘을 길러 준다.

소크라테스의 "너 자신을 알라"라는 말이 떠오른다. 예나 지금이나, 앞으로도 자신을 아는 게 일의 시작이다. (출처: 덴마크 행복교육)

진정한 스펙은
건강한 자존감이다

자녀의 입시를 앞둔 엄마들의 고민은 비슷비슷하다. '아이가 앞으로 어떤 일을 하며 살아야 할까. 어떤 전공을 선택해야 할까. 앞으로 유망한 직업은 무엇일까. 앞으로는 인공지능이 많은 직업을 대체한다고 하는데, 뭘 하면 대체되지 않는 삶을 영위할 수 있을까.' 하루가 다르게 변하는 시대, 그 고민은 점점 깊어 갈 수밖에 없다. 아이가 지금 배우는 것이 과연 10년, 20년 뒤에도 쓸모 있을까. 분명한 건 어떤 직업은 없어지겠지만 또 새로운 직업이 생겨날 것이란 점이다. 오랜 시간 고생해서 얻은 직업을 잃을 수도 있고, 모든 것을 처음부터 시작해야 할 수도 있다.

영국 드라마 〈휴먼스Humans〉는 인공지능 로봇이 일상화된 미래를 보여 준다. 어느 날, 아빠가 사 온 '가정부 로봇' 아니타는 가족의 일상을 바꾼다. 아니타는 지친 아내, 엄마와는 달리 아침상도 풍성히 차리고, 청소도 잘한다. 막내딸에게 책을 읽어 주는 역할까지 완벽하게 해내자, '진짜 엄마'인 로라는 로봇으로 대체되는 자신의 삶에 위기를 느낀다. 그런 로라에게 아니타가 말한다. "내가 당신보다 아이를 더 잘 돌볼 수 있다는 것은 명백한 사실이에요. 전 기억도 잘하고 화내지도 않으며 우울해하거나 술이나 마약에 취하지도 않죠. 저는 더 빠르고 더 강하며 관찰력도 뛰어납니다. 저는 두려움도 느끼지 않습니다."

이 드라마에서 고등학생인 큰딸은 이런 로봇 세상에 불만이 많다. 컴퓨터 성적이 A에서 D로 떨어진 딸에게 부모는 "마음만 먹으면 잘할 수 있어."라고 격려하지만, 딸은 냉소적이다. "원하면 다 될 수 있다고요? 의사는 어때요? 의사가 되는 데 7년 걸리죠. 그때가 되면 인공 로봇에게 수술을 넘겨줘야 할걸요."

무엇을 하건 인공지능이 뛰어나다면 공부할 필요가, 일할 필요가 있을까? 골프 선수를 꿈꿨던 청년은 골프를 치는 사람들을 바라보며 푸념한다. "나에게 미래란 없어. 로봇보다 잘할 수 있는 게 하나도 없거든. 저게 다 무슨 소용이야, 쟤네(로봇)들이 치면 항상 '홀인원'일 텐데." 드라마는 인공지능 시대에 과연 인간의 가치는 무엇인지에 대한 묵직한 질문을 던진다.

불확실한 미래를 위해 아이에게 필요한 것

아이가 대학을 졸업할 즈음 세상은 어떻게 변해 있을까? 도통 감을 잡을 수가 없다. 기사도 인공지능이 쓰고, 작곡도 작사도 그림 그리기도, 수술도 인공지능이 더 잘할 것 같다. 결국 24시간 밥도 안 먹고, 잠도 안 자고, 쉬지도 않고 데이터를 학습하는 인공지능을 잘 활용하면서 인간의 영역을 찾아가야 한다는 결론에 이른다. 갈수록 '좋은 직장'이라고 불리는 안정적인 일자리는 줄어들 것이다. 기술 변화에 촉을 세우고 계속해서 배워야 한다. 변신하고 새로운 일을 찾아 나서야 한다. 그 삶의 여정은 녹록지 않을 것이다. 마흔, 쉰에 하던 일을 접고 새로운 일에 도전하는 것이 어떠한 것인지 우리도 잘 알고 있지 않은가. 더군다나 100세 시대가 현실화하는 이 시점에서 아이에게 필요한 건 뭘까.

아이를 위한 평생 보험, 바로 건강한 자존감이다. 설사 AI로 대체된다 해도, AI보다 잘하는 게 없다고 느껴질 때도, 소득 양극화가 심해져 상대적 박탈감이 무겁게 느껴질 때도, 자존감이란 열쇠를 쥐고 있다면 스스로 만족하는 삶을 꾸려갈 수 있을 것이다.

자존감이 높은 사람은 남의 평가에 연연하지 않고 자기 일에 '의미'를 부여한다. 자기가 해낸 일에 대해 가치를 부여하고, 그 과정 역시 의미 있다고 여긴다. 내가 하는 일을 AI가 더 잘할지라도, 언제 대체될지 몰라 불안하더라도 '나'라는 존재를 귀히 여기는 '슈퍼에고'가 필요하다.

자존감은 자기 자신에 대한 신념의 집합이다. 행복하고 건강한 삶의 시작은 '긍정적인 자아상'이다. 자존감이 낮다는 것은 유리잔에 금이 간 것과 비슷하다. 작은 외부 충격에도 쉽게 부서지고, 작은 비난에도 쉬이 무너진다. 자기를 싫어하는 눈치가 조금만 보여도 모든 걸 포기하려 한다.

『자존감의 여섯 기둥』의 저자 나다니엘 브랜든은 자존감을 '칼슘'에 비유한다. 칼슘이 없다고 해서 죽진 않지만 건강한 삶을 위해 칼슘이 필요한 것처럼 자존감이 있어야 몸과 마음이 건강하다.

모든 인간은 존재 그 자체로 소중하고 특별하다. 특별하다는 건 'the only', 유일성을 의미한다. 이 세상에 나와 똑같은 인간은 어디에도 없다. 나란 사람은 대체 불가한 유일무이한 존재다. 나는 이 세상에 유일한 '나'이며 그런 내가 나를 좋다고 여기는 것이다. 나의 잘난 점, 못난 점, 강함과 연약함 모두 수용한다. 지질하고 못난 부분이 있어도 나는 여전히 소중하고 특별한 존재라는 정서가 깔려 있으면, 자기를 건강하게 받아들일 수 있다.

자존감은 크게 두 가지 요소로 정의된다.

첫째는 자기 가치감이고, 둘째는 자기 효능감이다. 먼저 자기 가치감은 자신의 가치와 중요성을 스스로 느끼는 것이다. 아이는 주 양육자와의 관계를 통해 자신의 가치감을 느낀다. 그러나 성인이 되어서는 자기 스스로 자신의 존재 그 자체로 가치를 인정하고 누릴 수 있어야 한다. 자기 효능감이란 쉽게 말해 자신감이다. '나는 해낼 수 있어!' 이런 낙관적 태도가 삶에 용기와 희망을 주고 힘찬 에너지를 공급한다. 자기 효능감은 스스로가 자신에게 내리는 주관적 판단, 느낌이다.

자존감 높은 아이 vs. 자존감 낮은 아이

"우리 아이가 자신감이 충만한데요. 자존감이 높은 걸까요?"

이런 질문을 많이 한다. 답은 그럴 수도 있고 아닐 수도 있다.

자존감이 높아 보이는데 실제 '가짜 자존감'인 경우도 많다. 외부로부터의 평가와 칭찬에 민감하고 자기 기대대로 되지 않을까 불안하고, 결과에 분노하기까지 한다. 건강한 자존감이 서지 않은 탓이다. 실패하는 걸 피하려고 시도조차 하지 않으려 한다. 부모는 아이의 근거 없는 자신감, 왜곡된 자아상을 바로 보지 못하고 자아 존중감이 높은 것으로 착각하기도 한다.

또 자신감은 충만한데 자기 가치감이 낮을 수도 있고, 자기 가치감은 높은데 자신감이 부족할 수도 있다. 실제로 자아 존중감이 높다는 것은 자기 가치감과 자신감이 균형 있게 발달해 있음을 의미한다.

자존감 높은 아이는 타인에 대한 공감 능력이 뛰어나고, 자신에 대해 긍정적이다. 다른 사람의 실수나 잘못 역시 너그럽게 받아들이는 경향이 있다. 상대방에게 쉽게 의존하지 않는다. 부탁해서 거절을 당해도 상처받지 않는다. 상대방에게 그럴 만한 사정이 있을 거라 생각한다. 살아가면서 부딪치는 문제에 유연하게 대처한다. 자기 약점을 감추려 하지 않고 당당히 드러낸다.

자기 약점을 솔직하게 인정하는 모습은 사람을 끌어당긴다. 자존감이 낮으면 정반대다. 자신을 그대로 드러내지 못하고 남의 시선을 의식하며 전전긍긍 살아간다. 자신에 대해 부정적이고, 자격지심을 갖기 쉽다. 남 탓을 하고, 다른 사람의 실수나 잘못에 대해서도 관대하지 못하다. 대인관계에서도 어려움을 겪는다.

그렇다고 자기존중감이 높을수록 좋은 것만은 아니다. 하늘을 찌를 듯 지나치게 높은 자존감 역시 문제가 될 수 있다. 자기를 너무 존중하다 보니 자칫 타인을 무시하고 제멋대로이기 쉽다. 자존감 역시 적당히 균형을 유지하는 것이 중요하다.

언젠가 가수 이효리 씨가 남편 이상순 씨에 관한 이야기를 한 적이 있다. "결혼 전에 이상순 씨 집엘 가게 됐는데, 옥탑방이더라고요. 작고 허름한 방이었는데 너무 아기자기하게 예쁘게 꾸며놓은 거예요. 자기 스스로를 아끼고 행복하게 하는 법을 알더라고요. 이 사람이랑 함께 하면 행복하겠다, 그런 생각이 들었어요."

건강한 자존감을 가진 사람은 자기를 아끼고 소중히 여긴다. 타인과 비교하지 않으며 스스로 가진 것에 만족한다. 자기 삶에서 소소한 행복을 누리며 살아간다. 그 사람만의 뭔가 특별한 매력과 아우라가 느껴진다. 자존감은 그래서 매력 자본이다.

교육 전문가들은 입을 모은다. 자존감이 있는 학생은 학교 성적이 낮더라도 자기 꿈을 향해 도전한다는 것이다. 자존감이 낮은 아이는 성적이 상위권이라 해도 자기보다 더 잘하는 학생과 비교해서 자기 성취를 과소평가하고, 자신감 있게 '어필'하지 못하는 경우가 많다. 앞으로는 '스펙'이 아니라 자기를 스스로 '세일즈'해야 하는 시대다. 뭐든 적극적으로 도전해 성공의 기회를 높여가야 한다. 나는 할 수 있다는 자신감, 실패를 성공의 자산으로 삼을 수 있는 자존감이 필요하다. 지금 실패했다 해서 나라는 사람이 '실패작'이라 생각한다면 암울한 미래가 기다릴 것이다.

자존감 높은 아이로 키우려면

자존감은 어린 시절 부모의 무조건적인 사랑에서 출발한다. 그 시기에 좋지 않은 자아상을 가지게 된다면 건강한 자존감을 가지기 어렵다. 아이는 부모가 자기를 사랑하는 눈으로 바라봐 주고, 사랑스럽고 귀하게 대하면 '나는 사랑스럽고, 귀한 존재구나' 하고 느낀다. 이후 성장 과정에서 다양한 사람들을 만나며 자신의 자아상을 만들어 나간다. 자존감 문제는 평생을 따라다닌다. 오랫동안 굳어진 자기 개념, 자기 자신에 대한 신념 체계를 바꾸려면 엄청난 노력과 시간이 필요하다. 어릴 적 부모의 양육 태도가 아이 평생의 기반이 되는 자존감에 영향을 미친다. 함께 하는 매 순간이 마지막인 것처럼 안아주고 사랑해 주자.

4~5세 시기는 아이의 호기심과 활동량이 폭발적으로 증가하는 시기다. 그렇기에 '이렇게 해, 저렇게 해'라고 몰아가서는 안 된다. 부모의 강압적인 태도는 아이가 눈치를 보게 만들고, 주눅 들게 할 수 있다. 아이가 스스로 할 수 있도록 기다려 주자. 어려운 일에 부딪혔을 땐 아이 말에 귀 기울이고 공감해 주자. 단 아이의 잘못된 행동까지 허용해선 안 된다. 잘한 행동에 대해선 격하게 칭찬해 주되 결과가 아닌 과정을 구체적으로 칭찬하는 게 좋다. 예를 들면 "1 등 했네. 정말 똑똑해." 대신 "정말 최선을 다했구나. 대견해." 이런

식이다. 만약 아이가 그림을 잘 그리지 못하는데 "그림 진짜 잘 그리네!"라는 거짓 칭찬도 좋지 않다. 사실과 다른 과한 칭찬을 하면 아이는 자신을 객관적으로 바라보질 못하고 부풀려진 자아상을 갖게 된다.

자존감이 높은 아이로 키우기 위해선 작은 성취를 쌓을 수 있도록 도와야 한다. 성취할 수 없는 목표를 끊임없이 제시할 때 사람은 확실히 불행해진다. 여러 연구에서 밝혀진 결과다. 소위 학벌 좋고 잘 나가는 부모일수록 완벽한, 이상적인 기준을 세운다. 그 기준에 못 미치는 아이는 늘 불안하고 자신감이 없어진다. 자꾸 높은 잣대를 들이댈수록 아이의 자존감은 바닥을 친다. 낮은 자존감은 불안, 우울, 분노와 같은 부정적 감정을 자아내고, 아주 작은 어려움이나 실패에도 내면을 파괴하는 목소리를 낸다. 삶의 에너지를 갉아먹는다. 낮은 자존감은 늘 뭔가를 증명해내야 한다는 강박, 인정투쟁으로 나타나기도 한다. 삶에 만족이 없고 끊임없이 스스로를 비하하고 다그친다. 행복과는 거리가 먼, 그야말로 '버티는 삶'이다.

부모라면 아이가 잘하지 못해도, 실패해도 존재 자체로 충분히 가치 있는 사람이란 믿음을 심어 줘야 한다. 그래야 실수하는 자기 모습도 인정하고, 다시 도전할 수 있다. 소아정신과 오은영 박사는 "아이를 잘 관찰하고, 기대는 하되 욕심은 내려놔야 한다"고 조언한다. 다음은 오 박사가 제시하는 '자존감 높은 아이로 키우는 부모 수칙'이다.

1. 아이와 대화할 때 말을 끊지 않는다. 아이가 말도 안 되는 이 야기를 하더라도 끝까지, 열심히 귀 기울인다.
2. 다른 사람 앞에서 나무라지 않는다. 아이들도 체면이 있다. 다른 사람들 앞에서 혼날 때 자신이 존중받을 만한 자격이 없다고 느낀다.
3. 아이 일은 스스로 할 수 있도록 기다려 준다. 작은 성취 경험이 쌓일 때 자존감이 올라간다. 목표한 것을 스스로 해낼 수 있도록 지켜봐 주자.

또 하나, 비교는 자존감 도둑이다. 비교를 당할수록 사람은 불행해진다. 비교하는 부모는 아이가 어릴 땐 공부로, 대학에 가면 외모, 이성 친구 학벌과 집안, 사회에 나가면 직업, 배우자 '스펙' 등으로 끝이 없다. 실제 존재할 것 같지 않은 '엄친딸', '엄친아' 이야기를 습관처럼 하는 부모 밑에서 아이는 스스로가 너무 초라하다. 마음에 늘 완벽한 대상과 자신을 비교하며 열등감과 자격지심을 갖는다. 아이는 본능적으로 비교하고, 자기보다 우월해 보이는 대상에게 질투, 시기, 나아가 분노를 표출하기도 한다. 부모로부터 받은 비교는 열등감으로 표출된다. 마음의 감옥이다.

누구나 인생에서 실패와 좌절을 겪는다. 사람은 자기 이야기를 들어주고 따뜻하게 지지해 주는 단 한 사람만 있어도 자신을 절대 포기하지 않는다. 좋은 부모를 둔 아이들은 그 순간 자동적으로 어릴 적 부모가 해준 긍정의 말들을 기억하고 견뎌 낸다. 마치 컴퓨터에 프로그램이 돌아가듯, 아이의 잠재의식에 믿음과 사랑, 용기, 희망, 낙관 등 긍정의 단어를 깔아 주자.

부모가 믿고 인정해 주지 않으면 아이는 자신감을 갖기 어렵다. "잘될 거야.", "할 수 있어.", "믿는다.", "잘 커 줘서 고마워.", "엄마 아들(딸)로 와 줘서 고마워." 같은 말을 주문처럼 들려주자. 아이가 잘 해낼 수 있도록 믿어 주자. 필요한 순간엔 손을 내밀어 주자. 부모는 힘들 때 언제든 마음 놓고 이야기할 수 있는 존재여야 한다.

아이들은 지금껏 인류가 한 번도 경험하지 못한 좌절과 상처를 마주하게 될 것이다. 시시각각 변하는 소용돌이 속에서, 그 어떤 상황에서도 중심을 잃지 않아야 한다. 적당한 파도는 가뿐히 넘기고, 거센 파도는 물속으로 피해 들고, 잔잔한 바다에선 유유히 헤엄치며 즐길 수 있어야 한다. 확실한 것이라곤 불확실성과 복잡성이 커지는 것밖에 없는 미래다. 불안의 시대에 맞설 마음의 면역력, 건강한 자존감을 키워 줘야 한다. 같은 바이러스가 침투해도 면역력이 강한 사람은 바이러스를 물리치고 건강하고 행복한 삶을 누린다. 건강한 자존감은 '불안의 시대'를 대비하는 최고의 '스펙'이다.

자신감 넘치는 아이로 키우는 법
1. 직접 물건 구입하기
아이에게 직접 음식을 주문할 기회를 주거나 외출 시에 아이에게 직접 길을 물어보게 하는 것이 좋다. 아이가 우물쭈물하며 의기소침한 행동을 보여도 상황에 끼어들지 말고 기다려 준다.

2. 발표 기회 만들기

아이에게 가족들 앞에서 이야기할 수 있는 기회를 많이 만들어 주는 것이 좋다. 아이가 나서서 얘기할 때 잘 경청해 주고 긍정적으로 격려해 주는 것도 중요하다.

3. 성취감 느끼는 놀이하기

퍼즐 맞추기, 레고 만들기와 같이 완성했을 때 성취감을 맛볼 수 있는 놀이를 한다.

4. 게임하기

아이와 편을 나누거나 작전을 짤 수 있는 놀이를 하는 것이 좋다. 아이의 주도하에 게임이 이루어진다면 아이는 자신감을 가지고 적극적으로 참여하게 된다.

 부모의 자존감은 대물림된다?

몇 년 전 방영된 EBS 다큐 프라임 <아이의 사생활>은 부모의 자아 존중감이 대물림된다는 메시지를 던져 당시 큰 이슈를 불러일으켰다. 그 뒤로 자신의 낮은 자아 존중감이 아이에게 부정적 영향을 미칠까 봐 걱정하는 부모들이 부쩍 늘었다. 실제로 아이의 자존감은 부모 자신의 자존감에서 비롯되는 경우가 많다. 아이에게 "엄마처럼 살지 말라.", "이렇게 안 살려면 정신 똑바로 차려."라고 이야기하고 있다면 먼저 자신에게 당당해져야 한다.
아이만을 바라보기 전에 부모부터 먼저 자신을 좋아해야 한다. "나는 나를 좋아하는가?" 물어보자. 있는 그대로의 자신을 받아들여야 한다. 인간은 완벽할 수 없다. 좋은 점도, 부족한 면도 있다는 것을 인정하는 것부터 시작이다.
아이만 바라보는 부모, 아이를 내 삶의 중심에 두는 부모는 아이가 부모 기대에 못 미칠 때 부모 자신의 자존감에 상처를 입는다. 자신의 욕망을 자식에게 투사하지 말고, 아이를 독립된 개체로 인정해야 한다. 아이의 성공으로 자신의 삶을 증명하려 할 때 아이의 자존감에도 부정적 영향을 미친다. 조선희 아주대 정신과 교수는 부모들에게 조언한다. "더 해 주려고 애쓰는 것보다 스스로 보람을 느끼며 행복하게 살아가는 부모의 모습을 보여 주는 것이 더 좋은 교육이다." 가장 중요한 것은 부모 스스로 자신의 삶을 살아가는 것이다. 행복한 자녀로 키우기 위해선 먼저 행복한 부모가 돼야 한다는 말을 마음에 새기자.

부모의 자존감이 회복되면 아이가 다르게 보인다. 육아는 단거리가 아니다. 멀리 보고 길게 뛰어야 하는 마라톤이다. 인생이란 길을, 눈에 넣어도 아프지 않을 아이와 함께 호흡하며 걷고 뛰는 것이다. 아이와 함께 나를 키워 나아가 보자.
부모의 자존감을 높이기 위해선 먼저 마음속 상처받은 내면 아이를 잘 달래야 한다. 부모로부터 무조건적 사랑을 받지 못하고, 차별, 학대받았다 해도 '나는 가치 있는 사람'이라고 끊임없이 말해 줘야 한다. '나'라는 자기 개념은 정해져 있지 않다. 내가 여기서 어떤 선택을 하느냐에 따라 바로 내일의 삶이 달라질 수 있다. 과거의 상처에 얽매여 있으면 그로부터 한 발짝도 나아갈 수 없다. 내가 바꿀 수도, 통제할 수도 없는 과거와 타인에 집착하지 말고, 현재 할 수 있는 것부터 찾아야 한다. 이미 지나간 과거를 바꿀 수는 없지만 누구나 과거의 경험을 새롭게 해석할 수 있는 힘이 있다.

'나'는 지금 모습 그대로 이미 완전하고 충분하다. 자신의 가치를 높이 살수록 다른 이들도 아끼고 배려해줄 수 있다. 스스로를 소중히 여기고 지지해주자. 자기와의 관계가 편안할 때 아이 뿐 아니라 모든 관계가 수월해진다. 사는 게 한결 홀가분하고 수월해진다.

생활 속에서 몇 가지 원칙을 실천해 보자.

1. 마음의 근육을 기르자
마음이 지치지 않도록 재충전의 시간을 갖고, 기왕이면 상황을 긍정적으로 해석하자.

2. 완벽주의를 내려놓자

누구나 모든 면에서 완벽할 수 없다. 스스로에 대한 기대치가 높을수록 현실 속 자기 모습과 괴리가 커진다. 이 격차가 클수록 자존감은 낮아진다. 어차피 잘해도 욕먹는다 생각하고 80퍼센트만 해 보자. 마음의 부담이 없는 상태에서 더 좋은 결과가 나올 수 있다. 너무 잘하고자 하는 마음, 힘이 들어가는 순간, 잘하던 것도 잘 안 된다.

3. 스스로 뿌듯한 순간을 쌓아가자

살면서 스스로가 마음에 쏙 들었던 순간들을 편집해 보자. 성공한 경험, 기쁜 일을 생생히 떠올리자. 의식적으로 나의 마음을 돌보고, 약점을 파고들기보다 강점을 알아차리자. 나를 긍정하는 것, 자존감을 높이는 첫 단추다.

4. 작은 성취 경험을 쌓자

아주 가벼운 목표를 세우고 꾸준히 성취하는 경험을 쌓아가자. 이를테면 하루에 스쿼트 다섯 개, 감사 일기 한 줄 쓰기 같은 것 말이다.

5. 자신에게 좋은 주문을 걸어 보자

매일 반복해서 주문을 걸면 인생이 자연스레 그 방향으로 향한다. 매일 마시는 커피나 차와 함께 좋은 주문을 습관화해 보자. "나는 점점 더 좋아지고 있어.", "나는 된다. 잘된다." 마음의 밭을 갈아엎는 것은 하루아침에 되는 일이 아니다. 매일 조금씩 갈아엎기를 반복하다 보면 어느 순간 자존감이 새살처럼 모습을 드러낼 것이다.

자아 존중감 체크리스트

아래 20개의 문항을 읽고 점수를 참고하여 빈칸에 해당 점수를 적으세요.
※ 점수: 전혀 아니다(1점), 아니다(2점), 그저 그렇다(3점), 그렇다(4점), 매우 그렇다(5점)

1. 지금까지 나 자신을 좋은 사람으로 여기며 살아왔다.
2. 나는 여성 또는 남성으로 태어난 것에 만족한다.
3. 나는 내 주위 사람들만큼 행복하다.

4. 나는 다른 사람들로부터 사랑 또는 존중을 받는다.

5. 나는 이 세상에서 쓸모 있는 존재이다.

6. 주위 사람들은 나의 의견을 존중해 준다.

7. 주위 사람들이 나를 좋아하는 편이다.

8. 나에게는 독특하고 가치 있는 무언가가 있다.

9. 지금 있는 모습 그대로의 나 자신이 자랑스럽다.

10. 나는 많은 부분에 있어서 나의 판단과 결정을 믿는다.

11. 나의 미래는 밝을 것이며 지금보다 더 나아지려고 노력하고 있다.

12. 나의 생각이나 느낌(감정)을 다른 사람에게 잘 표현하는 편이다.

13. 나는 일과 인간관계에 있어서 무능하지 않다고 생각한다.

14. 나는 내게 주어진 일을 성공적으로 해내는 편이다.

15. 나는 다른 사람 못지않게 일을 잘 해낼 수 있는 능력이 있다.

16. 나는 용기가 필요한 일에는 주저하거나 두려워하지 않고 추진한다.

17. 나는 지금 나의 외모에 만족하는 편이다.

18. 나는 앞으로 성공적인 삶을 살아갈 것이다.

19. 나는 평소 불안해하지 않으며 여유롭게 생각하고 행동한다.

20. 내게는 단체나 모임 등 사람들을 이끌어 가는 능력이 있다.

결과 해석

99~100점: 자신을 객관적으로 바라보지 못하고 왜곡된 자아상을 가지고 있지 않은지 자신을 탐색해 볼 필요가 있다.

90~98점: 자아 존중감이 잘 발달해 있다.

80~89점: 자아 존중감이 잘 발달한 편이다.

70~79점: 자아 존중감을 조금 더 향상시키면 활력이 넘치는 인생을 즐길 수 있다.

60~69점: 자아 존중감 향상을 위한 노력을 의식적으로 해야 한다.

60점 이하: 대인 관계는 물론 일상생활에 지장이 있는 수준이다. 자아 존중감 향상을 위한 전문 상담이 필요하다.

*자존감은 나를 비춰 준 거울(부모와 가족 구성원, 친구, 선생님 등)을 내가 주관적으로 해석하고 받아들임으로써 형성된다. 즉 학습된 결과다.

'실패 내성'을
길러라

샌디 카터 아마존 웹서비스 부사장은 아마존이 신기술을 제패한 이유에 대해 이렇게 말했다.

"우리는 매주 실패를 토론한다. 매주 수요일, 팀이 모여 무엇에 실패했고 이를 통해 무엇을 배웠는지를 공유하는 시간을 가진다. 실패가 부끄러운 것이 아니라는 문화로 정착될 때 크고 담대한 혁신에도 도전해 볼 수 있기 때문이다. 매일 시장이 두 배로 커지고 방향이 바뀌는 상황에서 '내일'은 이미 늦다. 지나치게 생각하지 말고, 당장 실행에 들어갈 때다."

영국의 '스티브 잡스'로 불리는 제임스 다이슨은 청소기, 선풍기, 손 건조기만을 생산하는 가전 업체지만 세계에서 가장 혁신적인 기업 중 하나로 꼽힌다. 필터 없는 청소기, 날개 없는 선풍기 등 우리가 상상하지 못했던 신제품들을 세계 최초로 선보였다. 다이슨은 필터 없는 청소기를 개발하기까지 무려 5,127개의 시제품을 제작했다. 5,126번의 실패에 좌절하지 않고 최고의 제품을 만들겠다는 집념의 산물이었다. 선풍기에서 날개를 없애기 위해 비행기 제트엔진의 원리를 가져왔다. 100년 이상 이어진 선풍기의 고정관념을 깨는 데는 4년밖에 걸리지 않았다. 다이슨 성공의 근간은 실패를 두려워하지 않는 기업 문화에서 출발했다.

실패를 누가 더 일찍, 많이 경험했느냐가 삶을 결정한다

우리나라는 실패에 대해 가혹하리만치 인색하고 냉정하다. 한 번 실패자로 낙인찍히면 다시 재기하기가 쉽지 않다. 사회 곳곳에서 실패를 장려해야 혁신이 일어난다는 목소리가 터져 나오지만 굳어진 인식은 쉽게 바뀌지 않는다.

부모들 역시 아이들의 실수나 실패를 지켜보지 않는다. 미리미리 장애물은 치워 주고, 안전한 길로 안내한다. 반면 유대인 부모는 아이가 실수하거나 실패했을 때 되려 축하를 해준다.

예를 들어 아이가 물을 쏟았을 때 "마잘톱(축하해)"이라며 박수를 쳐 준다. 실수 때문에 움츠러든 아이의 마음을 북돋운다. 실패 역시 성장하는 과정이자 증거로 여긴다. 실패했다는 건 행동하고, 노력했단 것이다. 실패한 그 지점까지 성공한 것이다.

앞으론 말 잘 듣고 시키는 공부 열심히 하는 '범생이' 스타일을 되려 걱정해야 할지 모른다. 없던 길을 스스로 내야 할 때 '범생이'

는 불안하다. 실패해 본 경험이 없기에 그 두려움이 상상을 초월한다. 자신에 대한 기대치가 높아 실패할 것 같으면 시도조차 하지 않으려 든다. 어릴 때부터 크고 자잘한 실패, 실수를 경험해야 하는 이유다. 실패를 극복해 낸 경험이 쌓여 스스로를 믿는 힘, 즉 자신감으로 이어진다. '나는 실수도, 실패도 할 수 있는 사람'이라는 걸 인정하면 내 안의 두려움과 맞설 수 있다. 지금 할 수 있는 만큼 최선을 다하고, 도전하고, 결과를 받아들이고, 그만큼 앞으로 나아갈 수 있다. 실패한 모습, 불완전한 모습을 보여 주기 싫은 마음은 두려움에 지게 마련이다. 꼼짝도 하지 못하고 주저앉는다. 실패력은 그래서 중요하다.

자잘한 실수와 실패를 누가 일찍 더 많이 경험하느냐에 따라 삶이 결정된다. 아무것도 하지 않으면 실패할 일은 절대 없겠지만 이미 그 자체로 실패한 인생이다. 전설적 아이스하키 선수 웨인 그레츠키는 이렇게 말했다.

"시도하지 않을 때마다 성공할 기회를 놓치는 것이다."

아이가 무언가에 실패했을 때 말해 주자. "시련과 고난도 다 의미가 있어. 일단 해 봐." 그 시간을 이겨낸 사람들은 안다. 그 시간이 얼마나 귀했는지. 아주 작은 일에도 감사하고, 힘든 순간에도 낙관할 수 있는 여유가 생긴다. 고난과 역경을 훗날 성공담의 소재로 삼는다.

1인 기업가 시대에 더욱 중요해지는 실패력

"커서 뭐가 되고 싶어?" 어른들이 아이들에게 자주 하는 질문이다. 유튜버, 선생님, 로봇 박사, 요리사 등 다양하다. 예나 지금이나 변함없는 건 사업하겠다는 아이들이 드물다는 것이다. 빌 게이츠, 스티브 잡스, 마크 저커버그는 부러워하면서 아이들이 창업자, 기업가가 되기를 바라는 부모는 많지 않은 게 현실이다. 자식이 위험을 떠안고 살기보단 안정적인 직업을 갖길 바라는 게 인지상정인지 모른다. 문제는 지금 안정적이라고 여겨지는 직업, 직군이 언제 신기루가 될지 모른다는 데 있다. 앞서 누차 강조했듯 평생직장은 사라진다. 기업의 평균수명은 줄어들고, 기업들은 변화에 재빨리 대응하기 위해 몸집을 줄이는 추세다.

바야흐로 '긱 이코노미gig economy' 시대다. 세계경제포럼은 2020년 11월 열린 '변화의 선구자들'이라는 포럼에서 이렇게 전망했다. "코로나 이전 긱 이코노미가 일자리를 찾는 이들의 '최후의 선택지'였다면, 이제는 능력 있는 개인이 앞다퉈 프리랜서 선언을 하는 시대가 열리고 있다. 당신 회사의 임원이 '긱 워커'가 되지 말란 법도 없다." 글로벌 컨설팅 업체 '매킨지' 역시 2025년 긱 이코노미의 부가가치가 2조 7,000억 달러에 달할 것으로 내다봤다.

과거에는 큰 조직 안에서 주어진 일을 열심히, 실수 없이 완벽하게 해내는 사람이 인정을 받았다. 그러나 기술 발달로 하루가 다르게 변화하는 환경 속에서 새로움, 혁신 없이는 살아남을 수 없다. 창의적인 아이디어를 내고, 구체적으로 실행에 옮기면서, 새로운 것을 만들어 내는 기업가 정신으로 무장해야 한다.

흔히 기업가 정신이라 하면 기업가에게나 필요한 것으로 여기는데, 오해다. 더 나은 세상, 더 나은 미래를 만들기 위해 꼭 필요하다. 변화하는 환경에서 가치를 발견하고, 문제를 해결해 나아가는 힘을 길러 준다. 더불어 자기 삶을 주도적으로 이끄는 핵심 역량이기도 하다. 수명은 길어지고 고용 안정성은 점점 떨어지고 있다. 100세 시대에 어딘가 고용된 삶보다 그렇지 않은 시간이 더 길지도 모른다. 모두가 언젠가는 '1인 기업가'가 돼야 한다. 슘페터는 "소유주나 경영자가 아니더라도 혁신적 업무 수행이 기대되는 사람을 기업가라 말할 수 있다."라고 말했다.

일자리를 스스로 만들어 내야 한다. 변화를 읽고, 그에 맞춰 자기를 혁신해 나가야 한다. 새로운 것에 도전하고, 가치를 창출해 내야 한다. 모두가 기업가 정신을 갖춰야 하는 이유다.

여기서 가장 중요한 게 실패에 대한 내성이다. 실패에 대한 두려움은 몸과 마음, 뇌를 모두 긴장시킨다. 그 어떤 창조적 아이디어도 얼어붙게 만든다. 4차 산업혁명 시대에는 아이디어를 구현하는 도전 정신, 실패를 두려워하지 않는 힘을 가져야 한다. 실패 없는 혁신은 없다.

아이에게 많은 실패를 허하라

기업가 정신에서 실패력 만큼 중요한 것이 실행, 행동력이다. 완벽한 결과가 예상되지 않더라도 일단 빨리 실행해 봐야 한다. 빨리 실패하고 실패한 원인을 찾아 수정한다. "성공한 창업자들은 과감하게 결단을 내린다. 실패를 두려워하기보다 일단 한 번 진행해 나가면서 빨리 실행한다. 실패하면 다시 고치고, 다시 고치는 모습을 볼 수 있다." 20년간 실리콘밸리에서 수많은 기업의 IT 컨설턴트로 일한 윤종영 씨가 묘사하는 성공한 창업가들의 모습이다. 남들이 "미쳤다"고 해도 선택하면 행동에 옮긴다. 뚝심 있게 밀고 간다. 사실 다른 이들은 생각보다 훨씬 더 남의 일에 관심이 없다. 남의 시선을 의식하지 않을수록 성공에 가까워진다. 행동하지 않으면 실패도, 성공도, 성장도 없다.

사람은 노력해서 원하는 걸 성취하면 내적 보상을 받도록 설계돼 있다. 도전하고 성취하는 사람의 뇌에서는 도파민이 분비된다. 이 호르몬이 분비되면 기분이 좋아지고 더 의욕적으로 목표에 다가서게 된다. 생물학적 피드백 회로가 활성화되기 위해선 어린 시절 세상을 마음껏 탐험하고 도전하고 실패를 극복하는 경험이 필요하다.

과거에는 큰 물고기가 작은 물고기를 잡아먹었지만, 앞으로는 빠른 물고기가 느린 물고기를 잡아먹을 것이다. 빨리 실행하고, 실패하고, 실패 요인을 분석해 보완하고, 성공하는 경험을 쌓아야 한다. 그렇다면 아이는 이미 미래의 준비된 '1인 기업가'다.

부모님은 늘 자신을 이기라고 하셨다. 그렇지만 난 아이에게 "자기 자신에게 너무 엄격하고 완전하길 기대하지 말라"고 이야기하고 싶다. 나의 실수, 실패에 좀 더 관대하지 못했던 게 후회되기 때문이다. 그랬다면 젊은 날 더 많은 것에 도전하고 시도할 수 있었을

텐데 하는 아쉬움이 있다.

실패는 인생을 배우는 과정일 뿐이란 걸 내 아이는 알고 살아가기를 바란다. 불확실성의 이면엔 찬란한 가능성이 있다. 완벽하지 않고, 실수하고 실패할 수 있는 나를 기꺼이 받아들여야 한다. 그래야 세상뿐 아니라 나와의 관계 또한 잘 맺을 수 있다.

지나친 통제형 부모 밑에서 자란 아이들은 도전하지 않는다. 실패할까 두렵기 때문이다. 여기서 부모의 통제란 아이가 스스로 결정 내릴 수 없도록 하거나 사생활을 침해하거나 부모에게 의존하도록 하는 것 등을 말한다.

통제형 부모 밑에서 자란 아이는 누가 시킨 일, 주어진 일은 기계처럼 해내지만 새로운 아이디어를 내고, 실행에 옮기는 능력은 낙제점에 가깝다. 부모의 통제를 받고 자란 아이들은 자신을 통제하는 힘이 외부에 있다고 느낀다. 자제력과 자율성이 부족하고 외부 환경과 외적 보상에 지나치게 의존한다. 아이가 세상이란 모험을 즐기고, 자신이 원하는 목적지에 도달하길 바란다면 실패를 허용해야 한다. 아이를 통제하고자 하는 욕구를 잠재워야 한다. 아이는 실패를 극복하면서 성장한다.

아이가 많은 실패를 경험할 수 있도록 많은 자율성을 주자. 아이가 중국집에서 메뉴 하나 고르는데도 주저하고 "아무거나요."를 외친다면 생각해 보자. 아이의 모든 것을 부모가 결정짓고 통제하지는 않았는지를. 지나치게 순응적이거나 타인을 의식하면 아주 사소한 결정도 쉽지 않다. 불확실한 일에 도전하는 건 더 못 한다. 가능한 한 아이가 결정하고, 실행할 수 있도록 허용하자. 아이의 시행착오를 지켜보는 일은 하나부터 열까지 챙겨주기보다 더 어렵다. 아이가 실패하면 어쩌지? 상처받으면? 포기하면? 아이의 미래를 위해선 부모의 불안부터 잠재워야 한다. 아이의 실패를 나의 실패로 받아들이지 않아야 한다. 멀리 보는 부모라면 더욱 그래야 한다.

다시 일어설 수 있는 마음의 힘, 회복탄력성

한 여자가 20대 초반 영국에서 포르투갈로 건너가 그곳 남자와 결혼한 후 딸을 낳고 2년 만에 이혼했다. 졸지에 돈 한 푼 없이 정부 보조금으로 근근이 살아가는 '싱글 맘'이 되었다. 죽고 싶을 만큼 힘든 가난과 함께 우울증까지 엄습했다. 그녀는 어린 딸을 먹여 살려야 한다는 절박함으로 동네 카페에서 글을 쓰기 시작했다. 피를 말리는 작업이었다. 완성된 동화를 열두 군데 출판사에 보냈지만 모두 퇴짜를 맞았다. 그러나 '엄마'는 끝까지 포기하지 않았다.

그녀가 바로 조앤 롤링이다. 세계적인 밀리언셀러 『해리 포터』는 그렇게 세상에 나왔다. 지금 그녀의 재산은 1조 원이 넘는다. 그리고 그녀는 매년 영국에서 가장 많이 기부하는 사람이기도 하다.

한 소년이 있었다. 가난한 집안에서 태어나 초등학교도 다니지 못했으며 알코올 중독자인 아버지에게 학대까지 당하곤 했다. 훗날 작가가 된 그는 이렇게 말했다. "나의 가난한 삶을 바탕으로 『성냥팔이 소녀』란 동화를 창작할 수 있었고 못생겨서 받았던 놀림을 기초로 『미운 오리새끼』라는 동화를 탄생시킬 수 있었습니다. 역경은 나에게 큰 복이었습니다." 지금까지도 여전히 많은 아이들에게 감동을 주는 바로 안데르센 작가의 이야기다.

이들의 공통점은 회복탄력성Resilience이 높다는 것이다. 회복탄력성은 마틴 셀리그만의 긍정심리학에서 처음 나온 개념이다. 역경과 시련, 실패, 위기에서 바닥을 치고 튀어 오르는 비인지 능력 혹은 마음의 근력을 뜻한다.

각각의 물체마다 탄성이 다르듯이 사람마다 회복탄력성이 다르다. 회복탄력성이 뛰어난 이는 탄성 강한 고무공처럼 원래 떨어졌던 지점보다 더 높이 튀어 오른다. 반면 떨어지는 순간 찰흙처럼 땅에 철퍼덕 퍼지는 사람도, 유리컵처럼 산산조각 나는 사람도 있다. 통계적으로 보면 고무공보다 유리컵의 비율이 두 배 이상 된다고 한다. 그래서 우리는 고무공처럼 튀어 오른 이들의 스토리에 찬사를 보내는 것 아닐까.

초불확실성의 시대에 부각되는 회복탄력성의 중요성

살다 보면 마냥 평탄한 8차선 아스팔트대로만 있는 게 아니다. 예상치 못하게 움푹 팬 구덩이를 만나기도 하고, 비포장도로, 비탈길, 자갈길, 때론 막다른 골목을 만나기도 한다. 이때 주저앉지 않고 당당히 걸어갈 수 있는 아이라면 좋겠다. 회복탄력성이 높은 아이들은 남보다 큰 어려움을 겪을 때도 실망, 절망, 원망으로 주저앉지 않는다. 어려움 속에서도 잘될 거라는 믿음과 용기, 유연성을 잃지 않는다. 고난과 역경을 마주하는 태도가 인생을 결정한다. 쓰나미가 모든 것을 휩쓸고 지나간 자리에서도 누군가는 양손에 물통을 가득 지고 보금자리를 다시 일으킨다. 누가 행복한 삶을 누리는지는 자명하다.

초불확실성의 시대다. 경영환경은 어느 때보다 예측 불가능하고 전 세계는 4차 산업혁명의 영향으로 점점 더 복잡하게 연결되고 있다. 수많은 일자리가 사라지고 생겨날 것이며, 사회가 요구하는 능력 또한 빠르게 변화한다. 기업들의 존속 수명은 점점 짧아지고, 오늘의 지식이 언제 쓸모없어질지 모른다. 이에 더해 전대미문의 바이러스는 언제 또 전 세계에 닥칠지 모르는 상황이다. 이전과는 전혀 다른 일상이 순식간에 '뉴노멀'로 대체되는 미래를 우리는 이미 살고 있다. 그 끝이 어디인지 예상하기 힘든 지금, 외부 환경에 능동적으로 대처할 수 있는 '회복탄력성'의 중요성이 재조명되고 있다. 미래 변화를 예측하고, 다가올 위기를 감지하고, 상황과 환경에 유연하게 대처하는 자만이 살아남는다.

위인전 주인공의 삶은 그야말로 고난과 역경의 연속 드라마다. 힘든 일이 계속해서 닥친다. 그래도 포기하지 않고 다시 일어선다. 그들이 역사에 길이 남은 위인이 된 건 역경 덕분이다. 이들이 보통 사람과 달랐던 건 바닥을 쳤을 때 치고 올라오는 힘이었다.

살다 보면 이게 정말 바닥인 것 같은데, 더 바닥을 칠 때가 있다. 힘들고 불운한 일들이 동시다발적으로 몰려들기도 한다. 인생의 성패는 그 지점에서 정확히 두 갈래로 나뉜다. 힘든 상황에서도 그 의미를 찾고, 감사할 거리를 찾으며 자기 길을 가다 보면 길이 열린다. 고난을 축복으로 승화시키는 힘, 바로 회복탄력성이다.

회복탄력성은 어떻게 길러지는가?

회복탄력성은 사람마다 다르지만, 다행히 노력과 훈련을 통해 얼마든지 키울 수 있다. 회복탄력성을 키우기 위해서는 특히 자기조절 능력과 대인관계 능력이 중요하다.

자기조절 능력은 어려움에 처했을 때 부정적 감정을 통제하고 긍정적 감정을 불러일으키며(감정조절력), 기분에 휩쓸린 충동적 반응을 억제하고(충동 억제력), 자신이 처한 상황을 객관적이고 정확히 파악해 대처 방안을 모색하는 능력(원인분석력)이다.

대인관계 능력은 공감 능력, 소통 능력과 같은 사회성이다. 실제 많은 연구에서 사람을 잘 사귀고 원만한 인간관계를 유지하는 사람일수록 회복탄력성이 높은 것으로 나타났다.

세상은 혼자 살아갈 수 없다. 힘들 때 내 이야기를 들어주고 진심으로 생각해 주는 존재를 통해 다시 일어날 힘을 얻는다. 실패를 극복한 이들에게서 자신에게 힘이 된 은인 이야기를 심심찮게 들을 수 있는 이유다. 아이가 친구들과 좋은 관계를 유지할 수 있도록 돕자. 인간관계의 처음과 끝은 '내가 먼저 좋은 사람이 되는 것'이다. 아이에게 남을 배려하고, 친절을 베푸는 것을 가르치자. 자신에게 상처를 주거나 해를 끼치는 친구는 거리를 두고 마음을 쓰지 않는 편이 낫다는 이야기도 잊지 않는다. 좋은 사람들만 함께하기에도 짧은 인생이다.

『회복탄력성』의 저자 김주환 연세대 심리학과 교수는 이 두 가지 요소를 길러 주는 것이 '긍정적 감정'이라고 설명한다. "긍정적 정서를 키우면 행복감이 높아져 자기조절 능력이 강해지고, 대인관계 또한 좋아진다." 감정은 습관이다. 의식적으로 긍정적으로 사고하는 연습을 꾸준히 하다 보면 긍정적 뇌의 회로가 작동한다.

타인의 시선에서 벗어나 비교하지 않고 일상 속에서 자신의 강점에 초점을 맞춰 보자. 유머 감각도 회복 탄력성에 큰 도움이 된다. 부정적인 상황에서 가벼운 유머를 구사하면 부정적인 감정에서 한 걸음 빠져나올 수 있다. 아이와 서로 웃기기 놀이를 하면서 유머 감각을 키워 보자. 좋아하는 운동이나 악기 연주 등 취미활동을 하거나, 봉사 활동 같은 이타적 행동 역시 부정적인 감정을 긍정적으로 바꾸는 좋은 방법이다.

또 하나, 긍정성을 높이는 가장 빠르고도 강력한 방법이 '감사하기'다. 감사의 힘은 엄청나다. 모든 게 끝난 듯한 상황에서도 감사할 뭔가를 찾는 사람은 긍정성을 잃지 않는다. 그 자리에서 할 수 있는 것부터 다시 시작한다. 어두울수록 빛에 초점을 모은다.

오늘부터 '우리 가족 감사 시간'을 만들어 보자. 잠자기 전이나 식사 시간에 하루 중 감사했던 일을 함께 나누는 것이다. 나를 웃게 했던 일, 가슴이 따뜻해졌던 일들을 떠올리면 된다. '함께 밥 먹을 수 있어서 감사합니다'와 같은 사소한 것이면 충분하다. '우리 가족 감사 노트'를 만들어 기록으로 남기는 것도 좋다. 서로를 더 알아가고, 긍정적인 감정을 함께할 수 있다. 훗날 그 감사의 기록들은 아이가 역경을 헤쳐나갈 때 가슴속 든든한 지원군이 되어 줄 것이다.

　가족이 함께할 수 있는 취미를 만든다거나 음식을 함께 만들어 먹으면서 시간을 보내는 것도 좋다. 가족이 함께 모여 먹고, 마시고, 웃고, 떠들고, 부둥켜 끌어안고 뒹구는 시간은 무엇과도 비교할 수 없는 '평생 긍정 자산'으로 남는다. 그저 흘려보내는 아까운 시간이 아니다. 이는 비단 자녀의 긍정, 낙관성, 회복 탄력성만을 위함이 아니다. 100세 시대에 자녀와의 긍정적 유대감은 노년의 행복 지수와도 직결되는 요소다. 아이들이 어릴 땐 모든 부모가 바쁘다. 놀아 달라고, 이것저것 요구하는 아이들에게 '나중에, 다음에' 하다 보면 어느새 아이가 바쁘다. 부모 자식 관계도 서로 좋아해야 자주 보고 싶고, 찾게 된다. 아이가 품 안에서 떠나기 전에 부모의 매력에 흠뻑 빠지도록 사랑을 표현하자.

　무엇보다도 아이의 회복탄력성은 부모의 태도에 가장 큰 영향을 받는다. 회복탄력성을 키우는 100가지 지침보다 부모가 좋은 본보기를 보이는 게 최고다. 우리 아이 회복탄력성을 탄력 있는 탱탱볼처럼 키우려면 부모부터 긍정적 사고로 무장하자. 힘들 때 낙담하거나 포기하지 말고 담대하게 헤쳐나가는 모습을 눈에 담아 주자. 자주 웃고, 유머를 잃지 않으며, 풍요로운 인간관계를 맺자. 세상 만물 살아 있는 것들, 아름다움에 감탄하고 감사하자. 행운의 네 잎 클로버를 찾아 헤매다 꽃밭에 널린 세 잎 클로버를 지나치지 말자.

세 잎 클로버의 꽃말은 '행복'이다. 부모가 소소한 행복을 많이 느끼면 아이들도 자연스레 그게 행복인 줄 알게 된다. 아이는 언제든 찾아들 시련이나 스트레스, 문제들도 잘 헤쳐나갈 것이다.

하버드대 의학박사이자 심리학자인 조앤 보리센코Joan Borysenko가 『회복탄력성이 높은 사람들의 비밀』에서 권하는 열 가지 조언을 들어보자. 한 번쯤 들어본 이야기지만 중요한 건 실천이다.

1. 과거를 바꾸려고 애쓰지 마라. 미래를 창조하는 데 에너지를 전부 쏟아라.

2. 회복 탄력적 사고를 하라. 현실을 직시하고 수용하라.

3. 피해 의식을 즉시 버려라. 원한을 버리고 자신의 힘을 되찾으라.

4. 규칙적으로 운동하라. 스트레스는 뇌를 수축시킨다. 적절한 운동을 시작함으로써 흐름을 전환할 수 있다. 이에 대해 절대적 믿음을 가져라.

5. 앉아만 있지 말고 무언가를 하라. 낙관적 현실주의자는 행동을 취한다. 반면 막연한 희망적 사고는 가망이 없다.

6. 무작정 하지만 말고 앉으라. 명상은 이완 반응을 이끌어 냄으로써 스트레스를 줄여 준다. 또한 더 나은 미래를 만들 수 있는 방법은 임시변통하는 데 필수적인 우뇌 사용을 촉진한다.

7. 인생에 적극적으로 뛰어들어라. 소외와 고립은 스트레스와 우울을 낳는다. 만약 우울증에 걸렸다면 즉시 의학적 도움을 구하라.

8. 흐름을 전환하라. 다른 사람을 도우면 자신만의 문제에 집착하지 않

게 된다. 그리고 스스로를 치유하고, 영감을 주고, 인생에 의미를 더해 주는 기분 좋은 호르몬들이 분비된다.

9. 하루를 마무리할 때마다 고마워해야 할 새로운 일을 한 가지씩 생각해 보라. 감사하는 마음과 긍정적인 감정들은 회복탄력성을 높여 주고 더 마음씨 넓고 관용적인 사람이 될 수 있도록 돕는다.

10. 친구와 소통하라. 친구와 함께 긍정적이고 적극적인 변화들을 만들어 가면서 서로 힘이 되어 주어라.

나의 회복탄력성 점수 알아보기
내 아이의 회복탄력성은 얼마?

회복탄력성 자가테스트해 보기(자녀가 직접 풀어보도록 해 보세요.)

 *1=전혀 아니다. 2=아니다. 3=보통이다. 4=그렇다. 5=매우 그렇다

*올바른 답이 아니라 자신의 모습이나 생각과 가장 일치하는 답변을 고르세요.

1. 나는 목표가 정해지면 시간이 오래 걸려도 꾸준히 해나간다. (   )
2. 나는 한 번 시작한 일은 끝까지 해낸다. (   )
3. 나는 한 번 실패했더라도 포기하지 않고 다시 시도한다. (   )
4. 나는 내 감정을 잘 다스릴 수 있다. (   )
5. 나는 기분이 나빠져도 마음만 먹으면 괜찮아질 수 있다. (   )
6. 나는 스트레스를 받아도 짜증 내지 않고 차분한 마음을 유지할 수 있다. (   )
7. 나는 행복한 사람이다. (   )
8. 나의 성격은 긍정적이다. (   )
9. 나는 내 삶이 가치 있다고 생각한다. (   )
10. 나는 마음만 먹으면 다른 사람의 호감을 얻을 자신이 있다. (   )

11. 나는 처음 만난 사람에게도 신뢰감을 줄 수 있다. ( )

12. 나는 다른 사람의 마음을 잘 이해할 수 있다. ( )

13. 내가 어려운 일을 당한다면, 나를 도와줄 친구들이 많다. ( )

14. 나는 힘들 때 의지할 수 있는 친구가 있다. ( )

15. 심심하거나 우울한 기분이 들 때 내 이야기를 들어줄 친구가 있다. ( )

16. 나는 많은 사람들 앞에서 자신 있게 발표할 수 있다. ( )

17. 나는 갑작스럽게 발표를 해야 하는 상황에서도 떨지 않고 잘 할 수 있다. ( )

18. 나는 친구들을 잘 설득할 수 있다. ( )

회복탄력성은 자기조절 능력, 대인관계 능력(공감능력), 낙관성, 이렇게 세 가지 요소로 구성됩니다. 1~9번 문항은 '자기조절 능력'. 평균은 합산 30점, 37점은 백분위 90% 이상으로 높은 수준, 25점 이하는 백분위 20% 이하로 낮은 수준입니다.

10~18번 문항은' 대인관계 능력'. 평균은 31점, 39점은 백분위 90% 이상으로 높은 수준, 26점 이하는 백분위 20% 이하로 낮은 수준입니다.

우리나라 청소년 회복탄력성 점수의 평균은 합산 61점입니다. 70점 이상이면 백분의 80% 이상으로 높은 편이고, 75점 이상이면 백분위 90% 이상으로 매우 높은 편입니다. 52점 이하는 백분위 20% 이하로 낮은 편이고, 47점 이하면 백분위 10% 이하로 매우 낮은 편입니다.

☆자료 : 서울시교육청(연세대학교 김주환 교수팀 개발)

마음을 움직이는 자가
세상을 움직인다

인공지능 변호사가 인간 변호사보다 더 빨리 실수도 없이 판례 수천 건을 분석하고 서면을 작성할 수도 있다. 그렇지만 의뢰인을 직접 만나 이야기에 귀 기울이고, 힘든 상황을 마음으로 헤아리며 함께 고민하는 과정은 인간 변호사만이 할 수 있다. 인공지능이 암을 진단하고, 로봇이 수술을 인간보다 더 잘하게 될 수 있다. 그래도 수술의 위험과 결과에 대해 환자와 교감하며 대화하는 건 사람 의사의 몫이다. 지식을 족집게처럼 전달하는 강사 역할은 로봇이 대신할 것이다. 그러나 학생의 고민을 듣고 위로해 주는 정서적 멘토이자 인간적 성장의 코치, 학습의 즐거움을 깨우쳐 주는 스승 역할 등은 대체될 수 없다. 사람과 사람 사이에 나누는 마음의 영역은 인공지능이 대신할 수 없을 것이다. 설사 인공 '마음'이 나올지라도 말이다.

특히 4차 산업혁명 시대에 기업들은 빠른 변화에 유연하게 대응하기 위해 대규모 수직 조직에서 벗어나 '프로젝트성 조직'을 늘리고 있다. 공동 목표를 신속히 달성하기 위해선 끊임없이 소통하고 협업해야 한다. 여기서 반드시 갖춰야 할 것이 '공감' 능력이다. 특히 리더라면 조직원들의 입장을 헤아리고 중재하는 윤활유 역할을 해야 한다. 그러니 그 필요성은 두말할 나위가 없다. 자기만 알고 자기주장만 내세우는 사람이면 제아무리 실력자라 해도 함께 일하고 싶지 않다. 공감하는 만큼 생각의 폭과 깊이가 커진다. 다른 사람의 마음을 읽고 상황을 이해하면 '다름'을 존중하게 된다. 그로부터 새로운 생각과 관점이 탄생하고 혁신이 일어난다. 공감 능력은 그래서 창의성의 원천이기도 하다.

충만하게 살기 위한 방식, 공감

'공감'이라는 개념은 19세기 말 독일어 'Einfühlung'에서 나왔다. ein(안에서)과 fühlen(느끼다)이 결합한 단어로, '안으로 들어가서 느끼다'라는 의미다. 다른 사람의 감정을 내 안으로 들여 기쁨과 슬픔, 행복, 두려움 등의 감정을 마음으로 느끼는 것이다.

세계적인 미래학자 다니엘 핑크Daniel Pink는 저서 『새로운 미래가 온다』에서 "공감은 타인의 신발에 내 발을 넣어봄으로써 느끼는 그 발의 체온"이라고 표현했다. 맹자가 말한 '사단'과도 닮았다. 남을 측은하게 여길 줄 알고(측은지심), 잘못을 부끄러워하고(수오지심), 양보하고(사양지심), 옳고 그름을 가릴 줄 아는 능력(시비지심)이다.

문명비평가 제레미 리프킨 교수는 『공감의 시대』에서 "인간이 세계를 지배하는 종이 된 것은 가장 뛰어난 공감력을 가졌기 때문"이라고 주장한다. 공감을 통해 인간은 다수에게 효율적이고 이로운 시스템을 만들었고, 문명의 발전을 거듭해 왔다는 것이다. 이런 인간을 그는 '호모 엠파티쿠스Homo Empaticus', '공감하는 인간'이라 명명하면서 이렇게 단언했다.

"인류의 역사를 주도하는 가장 강력한 에너지는 공감이며, 미래는 확실히 '공감의 시대'가 될 것이다."

평판이 자산인 '연결사회'에서도 공감 능력은 '절대 반지'다. 공감 능력이 뛰어난 이들은 사람들을 끌어당기는 법을 직감적으로 안다. 인기 연예인들이나 인플루언서들은 어김없이 공감 능력이 뛰어나다. 공감 능력이 떨어지면 운 좋게 기회가 와도 오래 못 간다. 부적절한 언행으로 하루아침에 공든 탑을 무너뜨린다. 정보유통이 제한적이었던 과거에는 공감 능력을 '연출'하는 것이 가능했다. 이젠 유명인의 한마디 한마디가 실시간으로 올라온다. 정보는 빠르게 퍼지고, 지워지지 않는다. 공감 능력 부재는 언제 터질지 모르는 폭탄을 안고 사는 것과 비슷하다. 지금 당장 문제가 안 되더라도 언젠가 부메랑이 되어 돌아올 수 있다.

공감은 더 나은 세상으로 가는 출발점이기도 하다. '공감 행동주의의 선구자'라 불리는 디자이너 패트리샤 무어Patricia Moore는 20대에 여든 살의 노파로 분장하고 3년 동안 미국 도시를 돌아다녔다. 그녀는 '젊은 사람들을 위해 만들어진 세상'에서 노인으로 살아가는 게 어떠한 것인지 경험했다. 20대의 그녀라면 10분밖에 걸리지 않을 거리를 가는 데도 노인의 모습으로는 한 시간이 걸렸다. 식당 문을 열 때나 식품점에서 시리얼 상자를 꺼내는 일도 노인에게는 버거운 일이었다.

패트리샤 무어는 이러한 경험을 통해 노인의 삶을 혁신적으로 변화시키는 제품을 만든 후 이렇게 말했다.

"공감은 자신의 관심사가 모든 관심사가 아니며, 자신의 필요사항이 다른 모든 사람의 필요사항이 아니라는 사실을 끊임없이 깨닫는 것이다. 나는 공감이 최대한 충만하게 살기 위한 방식, 끊임없이 발전하는 방식이라고 본다. 공감은 당신이 스스로 가두어 놓은 울타리를 열어젖히고 나가, 새로운 체험을 하게 만들기 때문이다."

사티아 나델라Satya Narayana Nadella 마이크로소프트MS 최고경영자는 '공감 경영'의 달인이다. 한때 침체를 겪은 MS를 시가총액 1위로 끌어올린 것도 공감 능력 덕분이었다. 그가 CEO로 취임한 2014년 MS의 상황은 나빠질 대로 나빠진 상태였다. 시대는 이미 PC에서 모바일로 넘어갔는데, MS는 모바일에서 설 자리가 없었다. 스마트폰 시장은 애플이, 안드로이드 시장은 구글이 장악했으며 그나마 강세였던 태블릿 PC도 애플과 삼성에 밀려난 상태였다. 스티브 발머가 그만두고 MS가 후임 CEO를 찾고 있을 때 블룸버그는 공개적으로 "아무도 MS의 CEO가 되고 싶어 하지 않는다."라고 비꼬기도 했다.

그보다 더 큰 문제는 MS 내부의 사내 정치와 불화였다. 나델라는 취임 직후부터 직원들을 개별적으로 만나 경청했다. 직원들에게 조직의 발전이 곧 개인의 발전이라는 믿음을 심어 주었다. 함께 잘해 보자고 설득했다. 나델라는 또 2016년 경쟁사였던 리눅스를 향해 "MS는 리눅스를 사랑합니다!"라는 슬로건을 내세웠다. 이어 아이폰과 안드로이드폰 모두에 사용 가능한 오피스 앱을 개발하면서 애플, 구글과도 협업을 택했다.

그가 처음부터 뛰어난 공감력을 가진 것은 아니었다. MS 입사시험에서 면접관이 "아이가 울고 있다. 어떻게 하겠나?"라고 묻자 나델리는 "911(미국의 119)에 전화를 걸겠다"고 답했다. 당시 면접관이 "먼저 안아서 달래 줘야 하지 않을까. 당신은 공감력이 부족한 것 같다"고 지적한 일화는 유명하다.

그의 공감 능력을 키운 건 중증 장애를 갖고 태어난 첫아들이었다. 휠체어 없이는 목조차 가누기 힘든 뇌성마비 아이를 키우며 나델라는 인간적으로 성숙해졌다.

"자인을 키우면서 나는 매일 아침 공감 능력을 끌어내야 했다. 라틴 아메리카 출신을 만나든, 중동 출신을 만나든 늘 사람들의 사고방식과 생각, 그리고 감정을 이해하기 위해 노력한다. 상대방의 깊은 마음을 이해하고 싶다는 열망 덕분에 더 나은 리더로 성장할 수 있었다. 공감은 다양한 가치를 지닌 직원들을 융화시키고, 또 소비자를 이해하는 데도 필수적이다. 공감 능력이야말로 리더의 가장 중요한 덕목이다."

공감의 자원은 경험이다. 나델리도 아들이 겪는 고통을 경험하지 못했다면 타인의 마음을 지금처럼 헤아리지 못했을 것이다.

공감 능력을 키우는 세 가지 방법

문제는 공감 능력을 키울 수 있는 환경이 점점 열악해진다는 데 있다. 디지털 세상에서 우리는 전 세계 누구와도 항상 연결돼 있다. 그렇지만 감정 교류와 소통 기회는 줄어들어 공감 능력을 키우기가 쉽지 않다. 셰리 터클Sherry Turkle 매사추세츠공대MIT 교수는 『대화를 잃어버린 사람들』에서 "피상적인 연결을 대화로 착각해선 안 된다."고 말한다. "테크놀로지가 공격하는 대상은 우리의 공감인 듯하다. 휴대전화는 침묵할 때도 대화를 억압한다. 주위에 휴대전화가 보이기만 해도 유대감과 상대에 대한 집중력은 약화된다." 특히 부모들이 자녀와 함께 있을 때 스마트폰에 빠져 있다면 아이들 역시 대화할 줄 모르고 공감 능력을 갖추지 못하게 될 것이라 경고한다. '온택트' 시대엔 온라인과 오프라인의 황금비율을 찾아야 한다.

과도한 경쟁도 공감력을 저해하는 하나의 요인이다. 옆에 있는 친구를 이겨야 내가 올라서는 분위기에선 공감 능력을 키우기 어렵다. 타인은커녕 자기감정조차 이해하고 조절하는 방법도 익히지 못하는 게 우리 현실이다. 교과서, 문제집과 소통해선 공감 능력을 기르지 못한다. 오죽했으면 "기쁨을 나누면 질투와 시기가 되고, 슬픔을 나누면 약점이 된다."는 말이 나왔을까.

아프리카 수백 개 부족이 쓰는 말 중에 '우분투Ubuntu'란 단어가 있다. '당신이 있어 우리가 있다'는 뜻이다. 바구니 속 사탕을 맨 먼

244

저 도착한 사람이 모두 가지는 게임에서 다 함께 손잡고 달리는 아프리카 아이들은 이 정신을 깊이 품고 있다. 경쟁에 지친 교실을 치유하고 '함께 가자'고 하는 아이라면 이미 공감의 달인이다.

1. 아이의 감정을 잘 읽어 준다

아이의 공감 능력을 키워 주려면 먼저 아이의 감정을 잘 읽어 줘야 한다. 부모로부터 충분히 공감을 받았던 아이는 그 경험을 바탕으로 다른 사람의 감정을 이해하고 받아들인다. 아이의 감정을 알아차리기 위해서는 아이의 말에 귀를 기울이고, 잘 관찰해야 한다. 어른도 비슷한 경험을 한다. 어렵고 힘들 때 그 어떤 조언이나 충고보다 묵묵히 들어주는 친구가 힘이 된다. 부모가 아이의 감정을 잘 읽어 주면 아이도 그렇게 건강한 어른이 된다. 자기감정을 소중히 생각할 수 있어야만 다른 사람의 감정도 소중히 다룰 수 있다.

주의할 점은 아이의 감정 읽기에만 치중해 잘못된 행동을 내버려 둬서는 안 된다는 것이다. 예를 들어 아이가 동생을 때리고 화가 나 있을 땐 일단 감정을 읽어 준다. "동생이 물건 망가뜨려서 화가 났구나." 그리고 나선 바로 잘못된 행동을 잡아 줘야 한다. "그렇다고 동생을 그렇게 때리는 건 잘못된 거야."

더불어 아이에게 부정적 감정과 긍정적 감정 모두가 소중하다는 것을 알려 주면 좋다. 그런 다양한 감정들로 인해 우리 마음의 색깔이 다양해진다. 그만큼 타인의 마음도 깊이 읽을 수 있다.

2. 상대방 관점에서 생각해 보는 훈련을 한다

상대방 입장에 서서 생각해 보는 연습을 한다. 나는 네가 되고, 너는 내가 되어 보면 삶의 다양한 문제들이 어렵지 않게 풀리곤 한다. '저 사람이 왜 그런 말을 했을까?', '내가 그 사람이면 마음이 어땠을까?', '그 사람에게 나는 어떤 사람이었을까?' 타인의 마음으로 가는 길을 끊임없이 내는 것, 이것이 공감이다. 사람에 대한 깊은 관심이 공감 능력을 키운다. 생활 속에서 아이에게 자주 질문해 보자. "네가 그 친구라면 마음이 어떨 것 같아?", "이 주인공은 왜 이런 행동을 했을까?" 단, 상대방의 의견에 무조건 동의하는 것이 공감은 아니라는 점을 알려 준다.

3. 아이에게 다양한 경험을 선물한다

직접 경험해 보면 비슷한 처지에 놓인 타인의 감정을 유추하기가 훨씬 수월하다. 부지런히 경험하고 새롭게 시도해야 하는 이유다. 추운 겨울 쪽방촌에 도시락을 배달해 본 아이는 자연스럽게 사회적 약자를 이해하고 배려하게 된다. 아프리카 친구에게 기부하고 편지를 쓴 아이는 세상에 대한 이해의 폭이 그만큼 넓어진다. 독서와 같은 간접경험도 공감 능력을 키우는 좋은 방법이다. 책을 읽으면서 아이와 인물들의 감정을 유추해 보거나 역할극을 해 보는 것도 좋다.

인공지능이 제아무리 진화한다고 해도 마지막까지 인간을 대체하지 못하는 분야는 인간의 감성, 공감 영역이다. 지금까지도 많은 존경을 받는 유한양행 고故 유일한 박사가 남긴 격언이다.

"눈으로 남을 볼 줄 아는 사람은 훌륭한 사람이다. 그러나 귀로는 남의 이야기를 들을 줄 알고, 머리로는 남의 행복에 대해 생각할 줄 아는 사람은 더욱 훌륭한 사람이다."

공감해 주는 사람에게는 특별한 마력이 있다. 그저 함께하고 싶고, 나누고 따르고 싶다. 똑똑해서 바른말만 하는 사람보다 가슴이 따뜻한 아이였으면 좋겠다. 친구에게 먼저 다가가 마음의 안녕을 묻고, 기쁨과 슬픔, 고통, 두려움을 귀와 머리, 가슴으로 느끼는 아이라면 준비된 미래 인재다.

인성 좋은 아이가
성공한다

세상에서 가장 쓸데없는 게 연예인 걱정이라는데 가끔 걱정스러울 때가 있다. 수많은 연예인 가운데 '스타'가 되기까지 얼마나 힘든 시간을 견뎠을지 느껴져서다. 그렇게 어렵게 '스타덤'에 올라 승승장구하면 좋으련만, 꽤 많은 연예인이 인성 논란에 휩싸인다. 소위 뜨기 전에 잘못 살아온 것이 드러나기도 하고, 뜨고 난 뒤 갑질해서 욕을 먹기도 한다. 모 기획사는 대표부터 소속사 가수까지 각종 추악한 사건에 연루돼 검찰 조사를 받기도 했다. 이런 논란 때문에 인성 좋은 연예인은 더욱 빛나는 반사효과를 누린다.

대학 시절, JYP 박진영이 비닐 옷을 입고 '날 떠나지마'를 불렀을 때만 해도 오늘날 그를 상상하긴 어려웠다. 50대가 된 지금도 'when we disco'를 부르며 어른 남자의 섹시함을 과시하는 그를 대중은 사랑한다. 사실 음악성, 댄스, 프로듀싱 감각, 그걸 다 떠나서 그를 빛내는 건 인성과 태도다. 그는 소속사 가수들에게 인성 교육을 철저히 한다. "좋은 가수이기 이전에 좋은 사람이었으면 좋겠다. 좋은 사람의 기준은 실력보다 인성이다. 성실, 겸손, 그리고 진실, 이 세 가지가 중요하다. (중략) 겸손하지 않아도 성공할 수 있다. 그런데 살다 보면 위기가 온다. 이 위기 때 주변 사람의 도움이 필요하다. 혼자서는 그 위기를 빠져나올 방법이 없다."

디지털 시대, 인성 교육이 절실한 이유

디지털 시대엔 평판이 곧 자산이다. 예전엔 한국에서 범죄를 저지르면 다른 나라에 이민 가서 새 인생을 시작할 수도 있었다. 소위 '과거 세탁'이 가능했다. 이제 인터폴이 아니더라도 SNS, 유튜브로 사람 찾는 건 일도 아니다. 사람을 뽑을 때도 평판 조회가 큰 비중을 차지한다. 일도 사람과 사람이 하는 것인지라 '된 사람'인지를 볼 수밖에 없다. 제아무리 난다 긴다 하는 실력이라도 인성이 바닥이면 같이 일하기 싫다. 그런 사람 한 명 있으면 팀 분위기가 흐려지기 때문에 구글과 같은 글로벌 기업은 인성이 안 되면 무조건 거른다.

더군다나 이제 혼자서는 아무것도 할 수 없는 시대다. 르네상스시대 이후 방대하게 쌓인 지식은 19~20세기를 거치면서 세분화, 전문화되었다. 기술 발달과 함께 전문성은 더욱 잘게 쪼개져 분야 간의 경계가 단절되는 부작용을 겪고 있다. 다양한 분야를 넘나드는 융합형 인재가 필요한데, 실상은 자기 분야 하나 제대로 파기도 쉽지 않다. 해결해야 할 문제는 훨씬 복잡해지는데 전문가들은 제각각 자기 목소리만 높인다.

코로나19 이후 수많은 전문가가 등장했다. 전문가가 많다는 건 그만큼 얽혀 있는 분야가 많다는 의미다. 처음에는 의료 문제로 시작했으나 경제, 사회, 심리, 교육, 복지, 문화 문제가 되었다. 국가별로 출입국 금지령이 내려지면서 외교 분야까지 더해졌다. 저마다 다른 정답과 의견을 내놓는다. 심리학자 에이브러햄 매슬로의 말을 빌리자면 "가지고 있는 연장이 망치뿐이라면 세상 모든 문제가 못으로 보이는" 것이다. 한 시각에서 보면 세상 모든 문제가 그 틀 안에 갇힌다.

갈등이 아닌 시너지를 내려면 집단 이기주의를 버려야 한다. 다른 분야의 경험과 지혜를 잘 듣고 존중하는 태도를 보여야 한다. 나와 다른 의견도 유연하게 받아들일 수 있는 관용이 필요하다. 다양한 가치를 조율하고, 각기 다른 개성을 조화시키는 인성은 이제 경쟁력이고 실력이다.

인성은 비단 성공하기 위한 핵심 역량만이 아니다. 인성은 인류의 미래다. 학자들 저마다 미래에 대한 전망을 다양하게 내놓는다. 큰 방향에선 두 가지다.

첫째, 극단적 불평등 사회가 도래할 것이라는 전망이다. 극소수의 혜택받은 자와 노동에서 소외된 대다수 인간으로 구별된다는 것.

둘째, 모든 인간이 과학 기술의 혜택을 공유하는 유토피아다.

인류는 이 선택의 갈림길에 서 있다. 지금 배려와 책임 등을 배우지 못한다면 인류는 암울한 미래를 맞이하게 될 것이다. 가족, 사

회, 국가, 나아가 세계라는 공동체에 대한 책임과 배려 없이 공존은
불가능하다.

우리나라는 세계 최초로 '인성교육진흥법'을 시행 중이다. 국가
와 지자체, 학교에 인성 교육 의무를 부여하고 있다. 여기서 내린
인성 교육의 정의는 "내면을 바르고 건전하게 가꾸며 타인, 공동체,
자연과 더불어 사는 데 필요한 성품과 역량을 기르는 교육이다. 핵
심 가치는 예, 효, 정직, 책임, 존중, 배려, 소통, 협동 여덟 가지다."
쉽게 말해 남과 더불어 잘 살 수 있는 역량이다. 인성까지 법으로
시행해야 하나, 싶기도 하지만 그만큼 절실하단 의미로 받아들이면
되겠다. 인성 교육은 점점 쉽지 않다. 맞벌이 가정이 늘어나고, 아
이들은 학원에서 보내는 시간이 대부분이다. 경쟁은 또 얼마나 치
열한가. 더불어 살기 전에 나 하나 살아남기 바쁘다.

유대인이 자녀교육에서 가장 중요하게 생각하는 것

"많은 사람이 지식을 가지고 잠시 성공한다. 몇몇 사람들이 행동을
가지고 조금 더 오래 성공한다. 소수 사람이 인격을 가지고 영원히
성공한다."

전 세계 최고 리더십 전문가 존 맥스웰John C. Maxwell의 말이다.
결국엔 인성 좋은 사람이 성공한다. 주변에 보면 유난히 인복 많은
사람이 있다. 실력이 특별히 뛰어난 건 아닌데, 늘 그를 아끼고 끌

어 주는 우군들이 곳곳에 자리 잡고 있다. 그런 사람들은 백이면 백, 인성이 좋다. 늘 자기를 낮추고 겸손하며, 타인을 배려하고 존중한다. 남 탓을 하지 않고, 타인의 기쁨을 진심으로 축하한다. 그러니 누구나 좋아할 수밖에 없다. 인성 좋은 아이는 세상이 먹여 살린다는 옛말은 지금도 유효하다.

자녀교육에 열과 성을 다하는 유대인이 자녀를 키울 때 지향하는 인간상이 있다. 바로 '멘쉬Mensch'다. '멘쉬'는 한마디로 잘라 정의하긴 어렵지만 훌륭한 인성을 갖고, 옳은 일을 행하며, 세상에 선한 영향력을 끼치는 사람을 일컫는다.

'멘쉬'는 사회적인 성공과는 별개다. 부자든 가난하든, 지위가 높든 낮든 상관없이, 누구든 '멘쉬'가 될 수 있다. '멘쉬'는 정직하고, 겸손하고, 도덕적일 뿐 아니라 어렵고 약한 자를 돕는 데 힘쓴다. 유대인 부모는 자녀를 한 명의 '멘쉬'로 길러내기 위해 삶에서 모범을 보인다. 기부와 자원봉사를 생활화하고, 자녀들에게도 함께할 것을 권한다. 이러한 유대인들에게 가장 나쁜 욕은 "그(녀)는 '멘쉬'가 아니야."다.

나의 가까운 지인은 이른바 '멘쉬'다. 다른 사람 입장을 먼저 생각하고, 남을 돕고 기쁘게 하는 데 적극적이다. 그러면서 스스로 행복해한다. 어려운 상황임에도 유머를 구사하며 웃을 수 있는 여유를 갖고 있다. 어지간해선 평정심을 잃는 일도 없으며 늘 기분 좋은 상태를 유지한다. 그런 그의 뒤엔 삶의 답이 되는 부모가 있었다. 적어도 자녀 앞에선 싸우는 모습을 보이지 않았으며 서로 존중하고 배려했다. 기쁜 날도, 힘든 날도 감사함을 잊지 않았다. 평생 남을 돕는 데 수입의 일정 부분을 떼어 놓고, 봉사하는 등 베푸는 모습을 보여 줬다. 자녀를 '멘쉬'로 기르는 가장 확실한 방법은 부모가 '롤 모델'이 되는 것이다.

가정에서 시작되는 인성 교육 일곱 가지

1. 부모가 롤모델이 되어야 한다

인성 교육은 가정에서 시작된다. 부모의 책임이 막중하다. 청소년 상담가들 얘기를 들어보면 문제 학생 대부분이 문제 가정에서 살고 있다. 부모의 말, 행동, 표정, 생각이 아이에게 그대로 전달되기 때문이다. "당신이 하는 일이 늘 그렇지.", "내 팔자야, 당신 만나고 인생 제대로 꼬였어." 매일같이 서로를 비난하고 무시하는 부모 사이에서 아이는 존중하고 배려하는 모습을 배우기 어렵다. 설사 배우자가 밉더라도 아이가 듣는 데서만큼은 '참을 인忍'자를 새겨 보자. 부부가 사정상 갈라섰다 해도 아이에겐 세상 유일한 엄마 아빠다. 아이 앞에서 전 배우자에 대한 험담이나 부정적인 말은 하지 않는 게 좋다.

2. 아이를 대등한 인격체로 대한다

아이는 단지 부모를 '통해' 세상에 온 고귀한 생명체다. 아이를 '내 것'이 아니라, 섬기는 자세로 대할 때 아이를 있는 그대로 존중하고 기다리게 된다. 아이의 일거수일투족에 일일이 잔소리한다면 아이를 인격체로 대하지 않는다는 방증이다. "대체 어쩌려고.", "그릴 줄 알았다.", "네가 하는 일이 다 그렇지." 이런 말은 아이의 자존감을 해치니 절대 해선 안 된다. 서로 존중하고 믿고 지지해 주는 가정에서 자란 아이는 자기를 귀하게 생각하는 만큼 타인을 존중하고 배려할 수 있다.

3. 인사는 인간관계의 시작이다

부모의 좋은 습관은 아이에게 대물림된다. 하루에 열 번 만나도, 눈빛만 마주쳐도 인사하자. 다 좋은 인연이 된다. 기왕이면 인사할 때 진심을 담아 웃는 얼굴로 하자. 대충, 건성으로 하는 건 다 티가 난다. 인사는 사소하지만 큰 차이를 만든다. 실제 한 방송에서 한 사람이 양손 가득 짐을 들고 엘리베이터에 탄 뒤 내릴 때 짐을 떨어뜨리는 실험을 했다. 인사하지 않았을 땐 12명 중 단 3명만이 도왔으나, 인사를 나눈 집단에선 9명이 도왔다. 집에 사람이 들고 나도 아이들이 얼굴 한 번 안 내미는 집이 있다. 인성 교육에 빨간불이 켜진 신호다. 지금부터 마음을 담아 눈을 보며 인사하자. 돈 안 드는 확실한 투자다.

4. 밥상머리 교육이 효과적이다

유대인은 매주 안식일마다 모든 일을 멈추고 가족과 시간을 보낸다. 함께 먹고, 마시고, 대화한다. 밥상은 단순히 고픈 배를 채우는 자리가 아니라 서로의 마음을 읽고, 어루만지며, 영혼을 치유하는 안식처다. 밥상에선 가능하면 잔소리를 안 하는 게 좋다. 단 식사예절 교육은 어릴 때 가르쳐야 한다. 먹기 전엔 "잘 먹겠습니다", 먹은 후엔 "잘 먹었습니다"를 외치도록 하자. 정성껏 차린 밥상에 대한 감사를 표현하는 것이다. 복 있게 잘 먹는 모습은 누구에게나 호감을 준다. 어떤 음식이든 감사히, 맛있게, 즐겁게 먹는 습관을 들인다. 아이가 반찬 투정을 할 땐 단호히 대처해야 한다. "먹기 싫다"는 말엔 과감히 밥그릇을 치우고 간식도 금지다. 남기지 않는 습관도 중요하다. 밥과 반찬이 식탁에 오르기까지 얼마나 많은 이들의 노고가 있었는지 알려 주면 효과적이다.

5. 정직은 나를 지키는 힘이다

거짓말은 거짓말을 낳고, 습관이 된다. 유명 인사들이 순간을 모면하려 거짓 해명을 해서 회복 불가능한 상황을 맞이하는 것을 종종 본다. 부부 사이에도 거짓말을 밥 먹듯 일삼아 신뢰가 깨지고, 막장 드라마가 현실이 되기도 한다. 신뢰는 한 번 잃으면 돌이키기가 쉽지 않다. 큰 자리는 무릇 믿음 가는 사람의 몫이다. 하늘을 우러러 한 점 부끄럼 없이 사는 건 결국 자기 삶을 고귀하고 품위 있게 가꿔 가는 길이다. 평소 아이 앞에서 거짓말하는 모습을 보이지 말자. 어쩔 수 없는 상황이라면 솔직하게 양해를 구하는 편이 낫다. 아이가 거짓말을 할 때는 따끔하게 혼을 내되, 솔직히 털어놓을 수 있는 수용적 자세로 다가가야 한다. 부모가 너무 무서우면 아이는 친구를 때리고도 "안 그랬어."라고 딱 잡아떼 문제를 크게 만든다. 잘못을 고백한 아이에게 "솔직하게 말해 줘서 고마워."라고 말해 주자.

6. 책임감을 길러 준다

간혹 성인이 되어서도 자립하지 못하는 사람들이 있다. 지나친 간섭과 과잉보호가 원인일 때가 많다. 스스로 결정하고 책임지는 과정을 믿고 기다려 줘야 한다. 그래야 부모를 떠나 자기 짐을 오롯이 질 수 있는 어른이 될 수 있다.

아이의 책임감을 기르기 위해 가장 쉬운 방법은 집안일을 돕도록 하는 것이다. 가지고 놀던 장난감을 정리하고, 설거지통에 그릇 두기, 수저 놓기, 빨래통에 옷 넣기, 장 보고 난 뒤 과자 한 봉지라도 들게 하는 것이다. 아이들은 부모를 도우면서 자신이 집안에 필요한 사람이란 뿌듯함을 느낀다. 이런 자신감은 아이가 자라서도 책임감을 느끼게 하는 기본 정서가 된다.

7. 발달 수준에 따른 적절한 행동을 가르친다

나아가 아이의 발달 수준에 맞춰 아이가 할 수 있는 행동을 가르쳐 보자. 일단 부모가 먼저 보여 주는 게 좋다. 우유를 마실 땐 우유를 꺼내 컵에 따르고 남은 우유는 다시 냉장고에 넣는 과정을 알려 준다. 최고의 학습은 직접 해 보는 것이다. 아이가 책임감 있는 행동을 할 때 폭풍 칭찬을 해주면 아이는 더욱 책임감 있게 행동하려고 노력한다. 책임감은 사회생활 하는 데서도 매우 중요하다. 자기에게 주어진 일을 끝마치고, 만약 실수나 실패가 있을 땐 용서와 사과하는 책임감을 보이면 기회가 또 주어진다. 책임을 회피하려 남 탓을 한다거나 상대방의 약점을 공격하면 그 순간은 모면할 수 있을진 몰라도 인생은 길다. 사람의 마음을 얻는 자가 천하를 얻는다고 했다.

　법륜 스님은 아이들을 '물드는 존재'라고 표현했다. 좋은 부모 아래 좋은 아이가 있다. 아이를 보면 부모를 안다는 말은 그래서다. 지금 나의 행동, 사고방식 등 갖은 습관은 은연중 부모로부터 물려받은 것이다. 늘 부정적으로 생각하고 말하는 부모를 두었다면 나도 모르게 아이에게 그런 모습을 보여 줄 가능성이 크다. 그래서 최고의 유산은 좋은 습관이다. 세상 어디에서도 밝고 씩씩하게, 배려와 나눔을 아는 '멘쉬'로 기르자. 더불어 사는 세상이다. 감사하고 겸손한 마음으로 어렵고 힘든 이들을 돌아보는 아이라면 행운의 여신이 늘 손을 잡아 줄 것이다.

"만약 네가 세상의 잣대로 잘하는 아이라면

그 또한 내게는 큰 기쁨일 것이다.

하지만 네가 세상의 잣대로 못 하는 아이라도

나는 크게 걱정하지 않을 것이다.

엄마인 내가 그 누구보다 너만의 장점을 잘 알고 있으니

인간은 누구나 자신의 장점으로

생을 일구는 법을 배우게 되어 있으니

유사 이래 내내 그래왔으니

시절의 겁박에 새삼스레 오그라들어 너를 들볶지는 않을 것이다."

-오소희, 『엄마의 20년』 중에서

나른한 일요일 오후, 출판사에 넘긴 원고를 처음부터 끝까지 쭉 읽어봤다. 최신 자료를 보완하고, 글 매무새도 더 가다듬고 싶은 마음은 애써 누르기로 한다. 사실 이 책은 조금 여유를 갖고 쓸 생각이었다. 그러던 중 코로나19와 함께 미래가 훅 다가오면서 집필을 늦출 수 없게 되었다. 아이들은 학교에 가는 대신 집에서 컴퓨터로 수업을 듣고, 사회 전반엔 비대면 문화, 디지털화가 빠르게 자리 잡았다. 유난히 변화가 더뎠던 교육 분야에 코로나19가 미래 교육의 방아쇠를 당긴 셈이다. 당장 나부터 '미래 인재(?)'처럼 대응해야 했다. '애자일(기민한)'하게 말이다. 일단 빠르게 시작하고, 실행에 옮기고, 부족한 부분은 쓰면서 보충해 나가기로 했다.

책을 쓰면서 미래 교육이 가장 시급한 건 바로 나, 부모라는 생각이 들었다. 디지털 세상에 '온택트'하고, 끊임없이 배우며, 남다르게 생각하고, 질문하는 능력 같은 것 말이다. 마음에도 크고 자잘한 근육이 좀 더 보기 좋게 붙으면 좋겠다 싶었다. 부모 역할이 어려운 건 '아이가 이렇게 컸으면' 하는 미래를 그리면서 현재의 내 모습과 자꾸 견줘보기 때문일 것이다. 가장 좋은 교육은 첫째도, 둘째도, 셋째도 본보기라고 하지 않았던가. 아이를 기르면서 나를 알아가고, 함께 커간다. 그런 의미에서 육아[育兒]는 육아[育我], 즉 나를 키우는 일이기도 하다. 집필 후반부로 갈수록 '과거형 둔재'인 내가 '미래 인재'에 한발 다가선 느낌이었다.

강산이 변하는 데 10년이 걸린다는데, 코로나19가 우리 일상을 바꾸는 데는 1년도 채 걸리지 않았다. 근무와 회의부터 공연과 축제, 강연, 소모임, 결혼식, 예배까지 온라인으로 이뤄지고 있다. 사회적 거리 두기가 길어지면서 절실해지는 건 사람의 온기다. 특히 나는 코로나19 확진 판정을 받아 2주 넘게 격리 생활을 하면서 그 생각이 더욱 확고해졌다(브라질 거주). 고열과 근육통 속에서도 담담히 견딜 수 있었던 건 주변 사람들의 진심 어린 관심과 배려 덕분이었다. 매일같이 병의 차도를 묻고, 먹을거리를 한가득 문 앞에 두고 가는 이들 덕분에 철저히 혼자인 시간 속에 온전히 '함께' 했다.

나는 확신한다. 기계가 아무리 똑똑하고 유능해진들 인간의 따뜻한 체온을 대신할 순 없을 것임을. 4차산업혁명, 인공지능, '언택트' 시대를 건널 때 가지고 갈 단 하나를 선택한다면 '사람'이다. 그 어떤 미래가 닥친다 해도 손 내밀고, 붙잡고, 끌어주고, 밀어주는 이가 있다면 세상살이는 늘 여유 있고 따사로울 것이다. 불확실한 미래를 살아갈 아이에게 가장 필요한 것 또한 기계가 갖지 못한 따뜻한 마음 아닐까 싶다. 지금 옆에 있는 이에게 좋은 사람이 되어주는 아이라면 세상이 그 아이를 품고, 크게 세울 것이라 믿는다.

마지막으로 바란다. 이제 우리 아이들에게 행복을 되돌려줄 때가 됐다. 인간성, 창의, 개성, 소통, 협업 이런 것들이 경쟁력인 시대다. 조금씩 더 많은 사람이 공감대를 형성한다면 청소년 자살률 1위에서 벗어나 행복지수 1위인 국가로 가는 길이 멀지 않다. 10대를 오직 책상에 앉아 입시 경쟁에만 매달려 있다면 미래는 암울하다. 배움을 즐기고, 소통하고, 연대하며, 생각하는 힘을 기르고, 자기만의 고유한 빛을 발하는 창의성을 키울 수 있도록 도와야 한다. 아이가 진짜 원하는 것은 무엇인지. 하고 싶은 것은 뭔지, 강점은 어디에 있는지 키워주는 교육이야말로 미래 교육이다. 나는 그 변화의 힘이 이 책의 독자들에게 있다고 믿는다. 마하트마 간디가 말했다.

"세상의 변화를 보고 싶으면 스스로 변화해야 한다."

교육의 패러다임이 경쟁이 아닌 성장, 상생으로 거듭나기를 기대하며 책을 마친다.

2021년 1월 코로나 종식을 기다리며
저자 임지은

감사의 말

전작 〈부모라면 놓쳐서는 안 될 유대인 교육법〉으로 과분한 사랑을 받았다. 대만, 중국 등지로 번역돼 출판되는 운도 따랐다. 많은 분의 도움 덕분이다. 이번 책 역시 각 분야 전문가들의 기술과 지식, 지혜가 합쳐진 '협업'의 산물이다. 지면을 빌어서나마 감사의 말을 전한다. 특히 원고 기획에서부터 책이 나오기까지 격려와 조언 아끼지 않으신 〈미디어숲〉 이교숙 편집실장님, 그리고 뒤에서 든든히 지원해주신 김영선 대표님께 고개 숙여 감사드린다.

진정 사랑하는 일을 하는 건 과정 그 자체로 위대한 놀이임에 틀림없다. 시시때때로 "글을 쓰며 살라"고 노래를 부르셨던 부모님께 감사드린다. 덕분에 '놀이'를 하며 20년 가까이 밥벌이를 하고 있다. 내 책의 첫 독자이자 열혈팬, 때론 날카로운 비평가가 되어준 남편 홍상범, 아들을 세상 평온한 품성으로 잘 키워주신 시부모님, 존재 자체로 감동인 아들 태윤이에게 고맙고 사랑한다는 말 전하고 싶다.

매일 함께 기도하는 농장 식구들, 생각만 해도 가슴이 뜨거워진다. 20년 넘는 세월, 끈끈한 전우애를 이어오고 있는 대학 동기 혜미, 희정, 재은, 미향, 수영, 후배 신정, 미경, 그리고 친언니와 같은 미혜 언니... 지면에 채 담지 못한 사랑하는 사람들이 있어 인생은 참 살만하고 아름답다. 함께 더 많이 웃고, 떠들고, 맛있는 음식을 먹고, 삶을 나눠야겠다. 감사하고 기쁜 마음으로 일상을 살아가려 한다. 힘은 조금 더 빼도 좋겠다.

　마지막으로 이 책을 읽고 있는 독자 여러분께 깊은 감사 인사를 드린다. 이 책이 당신과 자녀의 성장에 함께 한다면 저자로서 더할 나위 없는 기쁨일 것이다.

일자리 생태계가 달라지면 교육도 달라져야 한다.
프로그래밍이든, 음악이든, 춤이든, 유튜브든, 웹툰이든, 게임이든
자기가 좋아하는 일을 실컷 하면서도 성공할 수 있는 길이 열렸다

-최재붕 성균관대 교수